AESTHETIC INTELLIGENCE

How to Boost It and Use It in Business and Beyond

ハーバードの美意識を磨く授業

ポーリーン・ブラウン 著　　山口 周 監訳

三笠書房

監訳者の言葉

なぜ、これからの世界において「美意識」が求められるのか?

なぜ「美意識」が求められるのか?

私は二〇一六年に上梓した『世界のエリートはなぜ「美意識」を鍛えるのか?』において、これからの世界においては、論理より直感が、あるいは分析より統合が、あるいは理性より感性が重要になる……つまり「経営における美意識が重要な時代がやってくる」と指摘しました。ありがたいことにこの提案は大きな反響を呼び、同書は同年のビジネス書大賞準大賞をはじめとする複数の賞をいただくことになった。

本書をより深く理解するための前書きとして、筆者が拙著において著した「なぜ美意識がこれからの世界において重要なのか?」という問いについて、次の五項目に沿ってあらためて整理しておきたいと思います。

1　正解の無価値化
2　論理的・理性的な情報処理スキルの限界
3　全産業のファッションビジネス化
4　利便性から情緒への価値源泉のシフト
5　人工知能との仕事の奪い合い

1　正解の無価値化

一つ目の理由として挙げたいのが「正解の無価値化」です。

現在、昭和から平成の初期にかけて大きな価値を持っていた「正解」の価値が大きく減損している一方で、逆に「問題」の価値が大きく高まっています。昭和の中期から後期にかけて、世の中には多くの「問題」が満ちあふれていた一方で、その問題に対して「正解」を出せる組織や人材は少なく、結果的に「正解を出せる人」の価値が大きく高まりました。私たちは「正解を速く正確に出せる人」を「優秀な人材」と考える強い傾向がありますが、それは「問題が過剰で正解が希少な社会」において形成された一種のバイアスなのだということを忘れてはなりません。

具体例で考えてみればわかりやすい。例えば社会科の授業で習った昭和中期の「三種の神器」というのはすなわち、電気冷蔵庫、電気洗濯機、テレビという三つの家電のことですが、これらが「神器」と言われるまでに渇望されたのは、そこに普遍的な「問題」が存在したからです。その問題とはすなわち「家の中で食べ物を保存できない」「手作業での洗濯がとても辛い」「家の中に娯楽がない」という問題です。

しかし今日の社会においては、このような普遍的な問題はほとんど解消されてしまっています。なぜだと思いますか？　市場原理は必ず「普遍的な問題」から順に解消していくことを求めるからです。

問題のあるところにビジネスがある、と考えてみてください。この時「問題の深さ」は単価に、「問題の広さ」は顧客数として計量されます。市場規模が「単価と顧客数の積」になる以上、市場は「深くて広い問題」、つまり「普遍的な問題」に「正解」を提供していくことを求めます。これを順繰りに繰り返していけば、やがて「普遍的な問題」の多くが片付いた状態となる一方で、市場に残っているのは「深いけど狭い問題」か「広いけど浅い問題」のどちらかになります。

さて、このようにして「普遍的な問題」があらかた解消してしまうと「正解」を提供する能力が今度は過剰供給されることになります。経済学の基本原則に則れば「過剰なもの＝正解」の価値はデフレし、「希少なもの＝問題」の価値がインフレすることになります。これはつまり**「優秀さの定義」**が、**かつての「与えられる問題について速く、正確に正解を出せること」から、今後は「誰も気づいていない新しい問題を発見・提起できること」にシフトする**ということです。

では、どのようにすれば「新しい問題」を見つけることができるのでしょうか？　まさに

「美意識」というのが、その回答になります。みなが当たり前だと思っていることに対して

「何かがおかしい、美しくない」と思える審美的感性、さらには時代感覚や世界観に基づいて

「本来はこうあるべきではないのか？」をイメージし、それを他者に伝えられる力が求められる、ということです。

そもそも「問題」とは何でしょうか。それは「あるべき姿と現在の姿」とのギャップのことです。これはつまり「あるべき姿」を構想する力、現状を批判的に眺める態度を持たない人には「問題」を発見することも提起することもできない、ということです。そして「あるべき姿」を構想し、現状を批判的に眺めるということを人生の生業《なりわい》としてやっているのがアーティストと呼ばれる人たちなのです。ここに「アーティスト的な思考がビジネスの世界にも求められる」理由の一つがあります。

2 論理的・理性的な情報処理スキルの限界

「なぜ美意識がこれからの世界において重要なのか？」という問いへの二つ目の理由として挙げたいのが「論理的・理性的な情報処理スキルの限界」という問題です。この問題の発生については大きく二つの要因が絡んでいます。

一つ目は、多くの人が分析的・論理的な情報処理のスキルを身につけた結果、世界中の市場で「正解のコモディティ化」が進行しているという問題です。長いこと、分析的で論理的な情報処理のスキルは、ビジネスパーソンにとって必須のものだとされてきました。しかし、正し

く論理的・理性的に情報処理をするということは、人と同じ「正解を出す」ということでもあるわけですから、必然的に「差別化の消失」という問題を招くことになります。

私は前著の副題に「経営におけるアートとサイエンス」とつけましたが、では「アートとサイエンスの分水嶺」はどこにあるのか？　一つの定義が「再現性の有無」です。再現性とは「誰がやっても、いつやっても、どこでやっても同じ結果が出る」ということです。これは「サイエンス」の根幹に関わる問題で、再現性のない命題はサイエンスになり得ません。一方で、これは差別化の消失ということを必然的に意味するわけで、経営としては非常に困ったことになるわけです。経営の意思決定が過度に「サイエンス」に振れると、必ずこの問題が発生することになります。

「論理的・理性的な情報処理スキルの限界」を招いている二つ目の要因として指摘しなければならないのが、分析的・論理的な情報処理スキルの「方法論としての限界」です。

昨今のグローバルカンファレンスではよく「VUCA《ブーカ》」という言葉が聞かれます。「VUCA」とは「Volatility＝不安定」「Uncertainty＝不確実」「Complexity＝複雑」「Ambiguity＝曖昧《あいまい》」という、今日の世界の状況を表わす四つの単語の頭文字を組み合わせたものです。このような世界において、いたずらに論理的で理性的であろうとすれば、それは経営における問題解決能力や創造力の麻痺《まひ》をもたらすことになります。

これまで有効とされてきた論理思考のスキルは、問題の発生とその要因を単純化された静的な因果関係のモデルとして抽象化し、その解決方法を考えるというアプローチをとります。しかし、問題を構成する因子が増加し、かつその関係が動的に複雑に変化するようになると、この問題解決アプローチは機能しません。

経営の意思決定における合理性の重要さを最初に指摘したのは経営学者のイゴール・アンゾフですが、彼はまた同時に過度な分析志向・論理志向の危険性も指摘していました。アンゾフは、一九五九年に著した『企業戦略論』において、合理性を過剰に求めることで企業の意思決定が停滞状態に陥る可能性を指摘し、その状態を「分析麻痺」という絶妙な言葉で表現しました。そして、私が見る限り、この状況は多くの日本企業において発生している問題でもあります。

このように要素が複雑に絡み合うような世界においては、要素還元主義の論理思考アプローチは機能しません。そこでは**全体を直覚的に捉《とら》える感性と、「真・善・美」と感じられるような打ち手を内省的に創出する構想力や創造力が求められる**ことになります。

3 全産業のファッションビジネス化

さて「なぜ美意識がこれからの世界において重要なのか?」という問いへの三つ目の答えとして挙げたいのが「全産業のファッションビジネス化」です。ノーベル経済学賞を受賞したロバート・ウィリアム・フォーゲルは「世界中に広まった豊かさは、全人口のほんの一握りの人たちのものであった『自己実現の追求』を、ほとんどすべての人に広げることを可能にした」と指摘しています。人類史において初めてと言っていい「全地球規模での経済成長」が進展しつつある今、世界は巨大な「自己実現欲求の市場」になりつつあります。

このような市場で戦うためには、精密なマーケティングスキルを用いて論理的に機能的優位性や価格競争力を形成する能力よりも、人の承認欲求や自己実現欲求を刺激するような感性や美意識が重要になってくるのは当然のことでしょう。

人間の欲求を、最も低位の「生存の欲求」から、最も上位の「自己実現欲求」の五段階に分類できるという考え方、いわゆる「欲求五段階説」を提唱したのはエイブラハム・マズロー(1)でした。この枠組みで考えれば、経済成長に伴う生活水準の上昇によって、商品やサービスに求められる便益は、「安全で快適な暮らしをしたい＝安全欲求」を満たすものから、徐々に「集団に属したい＝帰属欲求」へ、さらに「他者から認められたい＝承認欲求」へと進むことになり、最終的には「自分らしい生き方を実現したい＝自己実現欲求」へと進展することになります。

つまり**現代社会における消費というのは、最終的に自己実現的消費に行き着かざるを得ない**ということであり、それはつまり、すべての消費されるモノはファッションになるということです。このように考察を続けると、私たちはもはやアップルという会社をIT企業と考えるよりも、ファッションの会社だと考えたほうがいいということなのかもしれません。なぜなら、アップルが提供している最も大きな便益は「アップル製品を使っている私」という自己実現欲求の充足であり、さらには「アップルを使っているあの人は、そのような人だ」という記号だからです。

先進国における消費行動が「自己表現のための記号の発信」に他ならないことを明確に指摘したのはフランスの思想家であるジャン・ボードリヤールでしたが、この指摘はもはや先進国においてだけでなく、多くの発展途上国にも当てはまるようになってきています。ひっくるめて言えば、すべての消費ビジネスがファッション化しつつある、ということです。このような世界においては**「美意識」の水準が、企業の競争力を大きく左右することになるのは当然**のことです。

（1）おそらくこのような前提を置いて書くと「マズローの欲求五段階説は実証実験では証明されず、アカデミアの世界では眉唾《まゆつば》と考えられていることを知らないのか」といった反論があると思います。これは本書執筆の基本的な態度とも関係するのでここでまとめて、そういった類《たぐい》の「科学的に検証できていない」という反論について答えておきたいと思います。科学においては「真偽」の判定が重要になりますが、「科学的に検証できない」ということは、「真偽がはっきりしません」ということを意味するだけで、その命題が「偽」であることを意味しません。本書のテーマは経営における「アート」と「サイエンス」の相克であり、サイエンスだけに依存した情報処理は経営の意思決定を凡百で貧弱なものにするというのが筆者の主張だ。同様に、本書の主張をより豊かなものにするために、筆者は「アート」と「サイエンス」の両方、つまり思考における「論理」と「直感」の双方を用いており、ですが故に筆者が個人的に「直感的に正しい」と考えたものについては、必ずしも科学的根拠が明確ではありませんという場合でも、それを「正しい」とする前提で論を進めていることを、ここに断っておく。

4 利便性から情緒への価値源泉のシフト

次に「なぜ美意識がこれからの世界において重要なのか?」という問いへの四つ目の答えとして挙げたいのが「利便性から情緒への価値源泉のシフト」です。どういうことでしょうか? 平たい言葉で言えば「『役に立つ』から『意味がある』へと価値の源泉がシフトしている」ということです。現在の世の中では「役に立つこと」の価値が急速にデフレする一方で、「意味があること」の価値がインフレしています。昭和の中期から後期にかけて、高い価値を認められていた**「役に立つ=利便性」の価値が大きく減損する一方で、「意味がある=情緒やロマン」の価値が大きく求められるようになっている、**というのが今の状況です。

これはなかなかに認めがたい潮流かもしれません。というのも、先述したとおり人間のマインドはとても保守的で、ひとたび形成された価値認識というのはなかなか変えられないからです。私たちの多くはいまだに「便利なこと」には価値があると考えているので「不便なコト・モノ」のほうが価値があると言われても、なかなか認めようとしません。

思考実験で考えてみましょう。例えばここに「便利なモノ」と「不便なモノ」があるとしましょう。ここで「便利なモノ」の価格が五万円だとした場合、みなさんは「不便なモノ」にはいくらの価格をつけるでしょうか。一万円? あるいは三万円? 細かな金額ではいろいろな回答が考え得ると思いますが、おそらくほとんどの人は「便利なモノよりも安い価格」をつけるはずです。しかし本当にそれでいいのでしょうか?

現在の世の中をきちんと観察してみれば、多くの市場において「便利なモノほど安く買い叩《たた》かれている一方で、不便なモノほど高額で売買されている」ことに気づくはずです。

例えば新築の家を建てる人の間で憧れとなっている薪《まき》ストーブや暖炉を考えてみればわかりやすい。現在の日本はほぼ熱帯のような気候になっているので、新築の家には必ずエアコンが完備されています。ボタン一つで部屋を快適な温度に温めたり冷やしたりしてくれる「便利なモノ」がすでに完備されているにもかかわらず、わざわざ不便な薪ストーブや暖炉を導入したがる人が多いのです。そして、その価格は、便利なエアコンが数万円で購入できる一方で、不便な薪ストーブや暖炉は設置費用まで含めれば数十万円から数百万円もかかるわけです。ここに「便利なモノほど安く、不便なモノほど高い」状態が成立しています。

あるいは音楽鑑賞機材を考えてみましょう。今日ではスマートフォンにブルートゥース対応のコンポをつなげれば、十分に納得のいく音質で音楽を楽しむことができます。こういった機材は極めて便利にできているわけですが、ではその市場において最も高額な機器かというと全くそうではないわけです。オーディオマニアが大枚を叩《はた》いて購入したがるのは真空管のアンプにターンテーブルとアンティークのスピーカーを組み合わせたセットで、これらは極めて不便なモノです。ここでも「便利なモノほど安くて利益が少ない」一方で「不便なモノほど高額で利幅も大きい」という現象が成立していますね。

このような現象はカメラ、調理器具、ホテル、自動車など多くの市場において観察されます。つまり現在の世界では「便利さの価値」がデフレしている一方で、情緒やロマンを伴う「不便さの価値」は大きくインフレしている、ということです。このような世界において、大きな価値を生み出していくためには**「機能的価値＝役に立つ」**から**「情緒的価値＝意味がある」**に向けて**「価値の軸足」を切り替えていく必要**があります。

さて、これは大変に困ったことです。というのも、これまで日本企業の多くは「便利さ」という価値を世の中に生み出すことで富を創出してきたからです。今後、どのようにすれば「豊かさ」という価値を世の中に生み出すことができるのでしょうか。最大のポイントになるのは経営管理・意思決定のあり方でしょう。

「便利さ」を高めることで価値を生み出すことはある程度、予定調和的に実行が可能です。社会や顧客が抱えている「不便さ＝問題」を市場調査やヒアリングなどによって精密にスキャンすれば、その「不便さ」にどの程度の普遍性があり、解決することでどの程度のリターンが得られるのかを推計することはそれほど難しいことではありません。

しかし、社会や顧客からあらかた「大きな問題」が片付いてしまうと、このアプローチは突然に機能不全を起こすようになってしまいます。端的に言えば、その問題を解決したとしても大してお金を払ってくれないような卑小な問題を見つけてきてはチマチマと解いて些少《さしょう》な対価を得る、という状況になってしまうわけです。

当然ながらこのような状況では企業業績は悪化してしまうので、価値の創出を「便利さ」から「豊かさ」へとシフトすることが求められるわけですが、ここで「豊かさ」は市場調査によって把握《はあく》することもできないし、予定調和的にリターンの大きさを推計することもできない、という問題が立ち上がってくることになります。

つまり、これまでの経営管理・意思決定のあり方は「意味をつくる」というビジネスには極めて不適合なのです。このような状況にあって、**私たちは「意味的な価値」を今後どのようにして生み出していくのか？** という大きな難問に直面することになります。

では世の中において「意味的な価値」を最も強く、深く追求している人々は誰かと考えてみれば、それはアーティストだということになります。特に二十世紀後半以降、アートの本質的な価値は「コンセプト＝意味」になりつつあります。十八世紀以前のアーティストが技巧的な価値あるいは主題的な価値をアートに込めようとしたのに対して、二十世紀後半以降のアーティストたちは徹底的に「意味的な価値」を追求します。

今日の社会において、ますます「役に立つ＝機能的価値」がデフレし、一方で「意味がある＝情緒的価値」がインフレするのであれば、そのような価値創出の方法をアーティストの思考様式・行動様式から学ぶというのは極めて合理的なことでしょう。

5 人工知能との仕事の奪い合い

最後に「なぜ美意識がこれからの世界において重要なのか？」という問いへの五つ目の答えとして挙げたいのが「人工知能との仕事の奪い合い」です。人工知能は私たちの想像を絶するスピードで進化しており、近い将来、現在人間が担っている理知的・論理的な知的活動の多くの部分を代替する可能性があります。このような状況において、私たち人間はどのように対処すればいいのか。

今日、「人工知能に仕事を奪われるのはどんな職業か」という問題について、様々な研究者が考察を発表していますが、こういった予測は大概外れることになるので、あまり振り回されないほうがいいでしょう。重要なのは、**労働市場における「競合としての人工知能」の構造的な強みと弱みを把握し、人工知能の弱点を突くという考え方、いわば「骨太な戦略ストーリー」を構築すること**です。ポイントは二つあります。

一つ目のポイントは、近い将来、人間が担うべき仕事は「人工知能を奴隷として使う仕事」と「人工知能に奴隷として使われる仕事」の二つになるということ。

そして二つ目のポイントは、その二つの仕事は「創造性」というキーワードによって峻別《しゅんべつ》される、ということです。

象徴的なニュースを用いて説明しましょう。

チェス界のスーパースターだったガルリ・カスパロフを、IBMのスーパーコンピューター、ディープブルーが破って大騒ぎになったのは一九九七年のことでした。それから二十年後の二〇一六年、グーグルが開発した囲碁プログラム「AlphaGo」が、世界トップクラスの棋士である韓国のイ・セドル九段と対局し、これを下しました。チェスや囲碁という「最高度の知性が求められるゲーム」において、すでに人工知能が人間を凌駕《りょうが》しつつあるというニュースは、「多くの知的労働が人工知能に取って代わられるのではないか」という、もとから火がついていた議論に油をぶっかけることとなりました。

しかし、一方で忘れてならないのは、これだけ圧倒的な知的パフォーマンスをチェスや囲碁の領域で発揮するに至っている人工知能が、音楽や絵画などの芸術的表現の分野に関しては、率直に言って「センスの悪いアマチュア以下」のレベルに留まり続けている、ということです。今日、グーグルをはじめとして様々な研究機関が人工知能に音楽をつくらせる、あるいは絵を描かせるという研究をしていますが、審美眼を持った大人の鑑賞に堪《た》える水準に達しているものは皆無であり、これらが近い将来、トップクラスのアーティストに比肩するものを生み出し得る兆《きざ》しは全くない。

チェスや囲碁の領域では最高度に訓練された人間をすら凌駕する知的能力を獲得しつつあるにもかかわらず、作曲や描画といった領域においては「下手なアマチュア」のレベルに低迷し続けているという事実から洞察される結論は一つしかありません。すなわち「チェスや囲碁の手を考えるという知的営為は、作曲や演奏といった芸術行為と比較して、実ははるかに簡単だ」ということです。もちろん、この「簡単」というのはコンピューターにとって、ということです。この仮説から、「人工知能に奪われない仕事は何か」という論点に対する示唆《しさ》を導出すれば、その答えは明白です。それは**「創造的要素のある職業」**ということになり、そのために最も重要なのは「美意識」だということになります。

さて、ここまでが「なぜこれからのビジネスパーソンに美意識が求められるのか?」という問いに対する私からの現時点での答えです。しかし、この答えだけでは不十分ですよね。そう、この答えは「美意識がなぜ求められるのか？」という「ＷＨＹの問い」には答えているものの、では「美意識をどのようにして高めるのか？」あるいは「美意識をどのようにビジネスに適用するのか？」という「ＨＯＷの問い」には答えていないからです。

ではどうするか？　本書を読んでください。

本書の著者、ポーリーン・ブラウンは戦略系コンサルティング会社のベイン・アンド・カンパニー、プライベート・エクイティ・ファームのカーライル等を経たのち、ラグジュアリーブランドコングロマリットのＬＶＭＨモエヘネシー・ルイヴィトンの北米部門の社長を務めた人物で、まさに**「経営におけるアートとサイエンスの両極」をキャリアの中で経験**してこられた方です。

彼女は、これらの職歴から得た学びを「ビジネスにおける美意識」としてハーバード・ビジネス・スクールで教えており、本書はこの授業の内容をまとめたものとなっています。その内容はまさに実践の場で「ビジネスにおける美意識」を実践されてきた方ならではの具体的な学びに満ちています。

本書を通じて「ビジネスにおける美意識」を深くつかまれた皆様が、ビジネスを通じた社会彫刻のリーダーシップをとっていただけることを祈りつつ筆をおきたいと思います。

山口　周

contents

Chapter 2

人の感情を揺さぶる不思議な力
……五感は「誘惑される」ためにある

Chapter 3

「ブランドコード」を確立せよ

……永遠の命が宿る「設計図」とは何か？

Chapter 4

深い「共感」と「洞察」から導かれる世界
……「コモディティ」から抜け出すには

第Ⅱ部　〈美意識〉をどう磨くか

Chapter 5

その人にしかない感覚をどう伸ばすか
……答えは「今あるもの」の中にある

Chapter 6

「知的センスのいい人」が実践していること

……いかに自分を演出するか、表現していくか

Chapter 7

新たな「空間価値」をどう生み出すか

……「選りすぐりのピース」の組み立て方

Chapter 8

「言語化《アーティキュレーション》」された時、すべてが浮かび上がってくる

……人物・製品・サービスの「核心」の見せ方

第Ⅲ部　〈美意識〉がつくり出す未来

Chapter 9
人々の意識はどこへ向かうのか
……新たな富を生むトレンド

はじめに――完全収録・ハーバード・ビジネス・スクールで衆目を集めた授業

二〇一五年の終わり頃、私は、ハーバード・ビジネス・スクールで当時、教職員採用担当だったシニア・アソシエート・ディーン（上級副学部長）のフランシス・フライのもとを訪れた。大学で講義を行なうことに関心があり、その可能性を話し合うためだった。

その頃、私は、世界トップクラスの高級品を扱う企業、ＬＶＭＨモエヘネシー・ルイヴィトンの北アメリカ部門のチェアマン（社長）を務めていた。私の履歴を見たフランシスは、ブランド・マネジメント、小売事業や高級品のマーケティングの講座が開講できそうだと考えた。

教壇に立つことにやぶさかではないものの、私はそういったテーマで教えることに、少々の苛立《いらだ》ちを覚えてこう言った。

「単に、業界内部者としてのノウハウを教えることには、関心がありません。むしろ、私の洞察や経験が他のビジネスにどう当てはまるのかを探ってみたいのです」

フライは興味をそそられたようで、それでは、その講義はどんな名称になるのかと尋ねた。

「ビジネスにおける美意識です」

すかさず私が口にすると、フライの顔が輝いた。

「それ、いいですね！」フライはメモを取り始めたが、ふと目を上げて聞いた。

「ええと、この言葉、スペルはどう書くんですか？」

この質問に、私は驚かなかった。ハーバード・ビジネス・スクールにおいてでさえも、私が提案したコンセプトは、新しいものだったからだ。

私はそれから四十八時間もしないうちに、契約書を受け取り、二カ月後には、正式にハーバード教職員の仲間入りを果たした。学術機関にしては、驚異的な対応の速さだ。

私の講座は大学院生の注目を浴びたが、私は院生たちの関心の高さに全く驚かなかった。


一般的に、ビジネスでは新しい観点が強く求められる。「美意識の価値」というコンセプトは、通常、「財務的な価値」とは無関係のように思われる。

しかし、私は、スキンケア、メイクアップ製品を扱うエスティローダー・カンパニーズで陣頭指揮を執《と》った企業買収をはじめ、イギリスに本拠を置く化粧品会社エイボン・プロダクツでの戦略策定、投資会社カーライル・グループでの小売企業への投資など、自身の経歴を振り返り、これだけは自信を持って言える。

美意識の力を認め、正しく理解したことが、私の職業人としての（そして私が関わってきた企業の）成功の鍵《かぎ》だった。

美意識は、ペンシルベニア大学ウォートン校で取得したMBAや、キャリア初期時代にコンサルティング会社ベイン・アンド・カンパニーなどの企業で培《つちか》った分析スキルや積み上げた知識と同じくらいの力があった。

本書は、**ハーバード大学での講義を読者の皆さんにも体験**していただきたくて執筆した。

私が目指したのは、ビジネスで成功を収めるために、どのように美意識を活用できるかを広く知ってもらうことだ。さらに、皆さん一人ひとりの、美意識や感性（Aesthetic Intelligence の頭文字をとって、私は「第二のＡＩ」と呼んでいる）を再発見して磨きをかけ、ビジネスに生かすことで金銭的な面での成功を実現してもらうことができれば、とても嬉《うれ》しい。

美意識とは単に消費を促《うなが》すための表面的なこと、あるいはファッションに関する気まぐれな思いつき、と思っている人は私の話に耳を傾けてほしい。美意識は、そんなことよりもはるかに重要なもの、**ビジネス戦略上、必要不可欠な要素**だ。既存事業においても新規事業においても、美意識はビジネスにおける重要課題として受け止めていただきたい。

本書で紹介する、四つの重要なポイントをここに挙げよう。

1　美意識を持つことはビジネスにおいて（さらにはそれを超えて）重要だ。
2　美意識は磨くことができる。誰もが美意識を持っているが、十分に発揮されていない。
3　美意識に基づいたビジョンやリーダーシップには、企業、さらにはビジネス全体を大きく変える力がある。

4　美意識の欠如は、困難に直面した時、致命傷になる可能性が高い。つまり、美意識がない企業は存続できない。

各章では、いくつかの企業を事例として取り上げ、美意識を生かすことで、いかにして市場シェアを確立し、顧客からの信頼・愛着を獲得し、永続的価値を生み出したのかを検証する。理論や科学を論拠として美意識について説明することも、もちろん有益だが、本書では人（企業の創業者、起業家、リーダー）とその企業のストーリーに主眼を置いて筆を進めている。

これらの事例では、企業とそのリーダーのプロフィールを詳しく紹介しているが、幸運なことに私はそれらの企業やリーダーたちと働く機会に恵まれた。ビジネスにおいて美意識というものがいかに企業の価値を高めるか、あるいは損なうかを示す具体的事例は、右に挙げた四つのポイントについての理解を助けるだろう。

私は理屈よりも状況を重視する現実主義者なので、美意識は誰にでも備わっているものだが、美意識を高めて生かすには時間と労力をかける必要があると信じている。それは、筋力を鍛えるのと全く同じだ。そのため本書では、読者が美意識を鍛え、鍛えた美意識を活用して顧客を獲得するためのアプローチや具体的な演習も加えた。

私は、読者の指南役、いわば教師ではあるが、生まれながらにして特別に美意識が高かったり感性に恵まれていたりしたわけではない。美意識や感性は、なぜ、これほどビジネスにおいても人生においても重要なのか。それらを理解するのに時間がかかった。

美意識を磨くプロセスは、決して容易ではない。創造性やセンス、審美眼といったものは、噛《か》み砕いて分析したり、数字で表わしたりすることはできない。美意識を磨くプロセスは、極めて個人的で定性的なものだ。だからといって美意識に価値がないということではない。むしろ、**多くの企業が「レゾン・デートル（存在理由・存在価値）」を失ってしまった時代には、美意識は必要不可欠**だ。

人々は、あれもこれもと多くのものを求めてはいない。むしろ、学びや発見の機会、自分がどのような人間で、何を感じているかを表現する手段、そして、自分自身と世界をもっとすばらしいものにするためのツールとインスピレーションを求めているのだ。

私が美意識というものに目覚めたのは一九七六年、十歳の時だった。

その頃の私には、どうしても叶《かな》えたい望みが三つあった。耳にピアスの穴を開けること、子犬を飼うこと、そしてパナソニック製カセットレコーダーの「Take-N-Tape」を手に入れること。私は両親に三つすべてをねだった。結局、耳にピアスの穴を開けるまでには十年、生まれて初めて子犬を手に入れるまでにはさらに三十年という時間がかかった。だが、アメリカ独立二百周年だったその年（一九七六年）のハヌカ（十二月に行なわれるユダヤ教のお祭り）に、両親は私が憧《あこが》れていた、エレクトリックブルーのカセットレコーダーを買ってくれた。

最高だったのは、あのずんぐりした黒いボタンだ。再生、早送り、巻き戻し、とりわけ「録音」のボタンを押すのが大好きだった。女友達の中でこの製品を持っていたのは私だけで、私の周りには次々と人が集まり、何時間も録音・再生をして楽しんだ。

当時、発売されたパナソニック製品の中でも「Take-N-Tape」はとりわけヒットしたが、市場に出回っていた同様の製品の中でも、これほど視覚に訴え、感情を動かす力を兼ね備えたものはなかった。

「Take-N-Tape」には私を魅了する、オーラのような力があった。軽量ながらしっかりしたデザイン、流線形のしなやかなボディ、グラマラスな光沢、上部右側にある星のような形のスピーカーの穴。その大胆で楽しい色遣いは、当時私のお気に入りだったアディダスのポリエステル製トラックスーツにぴったりマッチした。

この機械を使えば自分の声を録音できるし、おまけにショーン・キャシディのテープを再生できるのだから、驚きだった。出先でAM・FMラジオを受信することだってできた。電池でもプラグをつないでも使える機能を備えていたからだ。

振り返ってみると、私自身がその製品に熱を上げたのは、見かけや雰囲気が独特で、特別だったからだ。これは私が最初に経験した美的・感覚的ひらめき（エピファニー）だった。

私は、伝統を重んじるヨーロッパ系ユダヤ人の家庭で育った。家の棚には、十九世紀ヴィクトリア時代から伝わる骨董《こっとう》品や調度品が所狭しと並んでいた。そんな環境で育った私には、ストイックなほどシンプルで近未来的なデザインの例のテープレコーダーは、なおのこと魅惑的に思えた。「製品の本質と性質を突き詰めることによって、刺激的で大胆で魅力的で、感情面の結びつきを持つデザインをつくる」[1]。それが、パナソニックの昔からの哲学であり、その哲学はそのまま「Take-N-Tape」に反映されていた。

このような直感やひらめきは、その後も四十年にわたり、私の好みや欲望、そして購買行動を方向づけてきた。

私が生まれ育ったニューヨーク州ロングアイランド北岸にある郊外の高級住宅地グレートネックは、かつてF・スコット・フィッツジェラルドが暮らし、そして『グレート・ギャツビー』の中で成金たちが暮らすウェスト・エッグのモデルとなった地だ。周りの女の子たちはおませで、買い物熱は高かった。

同世代の女の子の多くは、十三歳までにデザイナーブランドのジーンズを手に入れた。とりわけ人気だったのが、サッソーンのジーンズで、象徴的な白のステッチ、赤いラベル、そして「ウララキャンペーン」によって他のどのブランドよりも際立ち、誰もが欲しがるアイテムだった。

残念ながら、両親は私のありとあらゆる欲望を満たすだけのお金も寛容さも持ち合わせていなかった。そして、私自身がベビーシッターをして得た収入では、サッソーンの一番安い三十四ドルのジーンズを買うこともできなかった。

そこで、私は視線（そしてベビーシッターで得たお金）を「上等なヘアケア用品」に注ぐことにした。ヴィダルサスーンのシャンプーを使ったら、広告の女性のように、まっすぐで絹みたいな髪になれるはず……。そう信じ、シャンプーからプロテイン・モイスチャライザー、仕上げのリンスに至るまで、製品を一式揃《そろ》えることにした。ボトルの筒状の形と濃いチョコレートブラウンの色がおしゃれだったし、泡立てればたちまちシャワー室に満ちあふれるチェリーアーモンドの香りも大好きだった。

私が高校に入学した年には、服飾品ブランドのレスポートサックが大人気だった。パラシュートに使うリップストップナイロンでつくられたレスポートサックのトートバッグを、知り合いの女の子はみな、少なくとも一つは持っていた。なかでも新しい物好きの子たちは、サックのシリーズをすべて買い集めた。

レスポートサックのバッグには必ずお揃いのポーチが付属していて、大胆で冒険好きな女の子たちはバッグやポーチの大胆な組み合わせを楽しんでいた。それぞれの個性は色の選び方にも表われた。私のバッグはオリーブグリーンで好みの色ではなかったが、その色を持つことで、自分がユニークで、情熱的で、洗練されているような気がした。

一九八四年、私はダートマス大学に入学し、その地で全く異なる美意識を目のあたりにした。ニューイングランド（アメリカの北東部の六州の総称）の名門校の学生としての美意識だ。

私はニューイングランドの名門校の大学生らしい服装を身につけようとは思わなかったが（それどころか、クラスメイトの「女性らしくない姿」を真似したくないと思っていた）、それでも名門校の学生の屈託《くったく》がなく、遊び好きで自信に満ちた雰囲気には魅了された。開放的だが、だらしなくない。くしゃくしゃなのに、かっこいい。

彼女たちのスタイルを支えた一番人気のメーカーは、おそらくエル・エル・ビーンだっただろう。当時、メーン州にあるメーカー直営店は、二十四時間営業で年中無休だった。多くのクラスメイトは店内を夜通しうろついて、フリースのプルオーバーをもう一枚、ダックブーツをもう一足と気ままに買い物を楽しんでいた。

そして、ダートマス大学の美意識は、全学生の「ダートマス風スタイル」をはるかに超えるものだった。学校のエンブレムを彩るパイングリーン（松のような暗い青緑。正確には、パントンPMS349）、ラテン語の校訓（「荒野で叫ぶ声」〈Vox clamantis in deserto〉）、そして一七六九年の創設年を記した紋章など、ありとあらゆるところにその美意識が窺《うかが》えた。

大学の精神は、自然環境にも見てとれた。ニューハンプシャー州の荒々しい山、硬い花崗岩《かこうがん》、力強くそびえる常緑樹。そのどれもが、荒野を崇拝し、世俗的な安楽を慎《つつし》み、大胆で先駆的な精神を好むというアメリカの伝統を思い起こさせた。ダートマスというブランドは、植民地時代からの伝統に根ざして構築されていたのだ。

そしてダートマス大学を卒業する頃には、私のセンスはどちらかというと雑然としたものになっていた。ヨーロッパの繊細さ、ロングアイランドのきらびやかさ、そしてニューイングランドの実用主義――何年にもわたって、私はこれら対照的な美意識の影響を受けてきたが、これらの相反する要素で混乱していたのかもしれない。しかも、厳格な教育のおかげで思考力は磨かれたものの、美的センスは鈍る一方だった。

二十代になる頃には、私は知識だけに頼るようになっていた。個人的な好みを表現することを、避けるようにもなった。そうして、私は、物事を論理的に評価してから決定を下し、行動に移すようになった。その過程で、自分のスタイルやセンス、自分らしさも見失ってしまった。

私が軌道を修正し、美意識を取り戻すまでに、その後、二十年以上の歳月を要した。その美意識を取り戻すために最初に行なったのが、職業上の（あるいは公的な）アイデンティティと個人のアイデンティティを分けないことだ。働き始めたばかりの頃の私は、周囲から認められ成功したいなら、自分はどんな人間で、他人からどのように見られたいのかを表現すべきではない、不必要で型破りなことはすべきではない、と信じていた。つまり、自分らしさを隠す必要があると思っていた。

しかし、個人としても職業人としても、私自身が一番大きく成長したと思えたのは、勇気を持って一歩前に踏み出し、この世で唯一無二の自分にしかできないことをやってみせた時、つまり、「私」という人間を表現できた時だった。

そこでの自信、美意識を持つことで得た「強み」をいろいろな形で試すたびに、私はますます注目され、称賛され、自信と成功を手にするようになった。そして、身をもって学んだことをビジネスで活用すればするほど、名声を手にし、方向性が定まり、成長していった。

一九九七年に美容業界に入った私は、自分らしさを生かすことで職業人としての力も発揮できると気づくことになる。美や上品さ、独創性が重要な価値を持つ業界に身を置くことで、自身の審美眼やセンスを表現する機会を与えられただけでなく、様々なスタイル、流行、技術を試してみるのに必要なツールも与えられた。

それでも、自身の髪型や服装のスタイルに関しては失敗も少なからずあった。バター・ブロンド（イエロー系の金髪）に染めた髪を、私のもともとの髪色である赤褐色に戻そうとして、赤紫色にしてしまったこともある。また、企業主催の野外イベントに十二センチのスパイク・ヒールのサンダルを履《は》いて出かけ、一歩進むごとに芝生に深々と穴を開けてしまったこともある（そして、五百ドルしたマノロ・ブラニクのサンダルを駄目にした）。こうした経験を通じ、私は学び、成長し、進化し続けている。失敗を繰り返さないよう気をつけはするが、リスクをとり、経験を積むことをやめはしない。

その後、既製服から化粧品、上質のジュエリーに至るまで約七十の高級ブランドを擁《よう》する世界屈指の老舗《しにせ》、ＬＶＭＨの北米地区の幹部に就任するが、その頃にはすでに、私は確固とした自分のスタイルを身につけていた。そのスタイルとは、私の経験したあらゆる過去を包含し、ひらめきと自己表現のためにファッションの先を思い描いたものだ。また私は、こうした個人的な成長を通じて事業価値を見出すことができるようになった。**従来の財務分析や戦略分析と並行して直感や美意識を使うことで、ビジネス上の問題をほぼすべて解決**できるようにもなった。そして、価値を生む資源に投資するのと同じくらい、適切な才能を持つ人材を採用・育成し、美意識のある企業文化を築いていくことが重要であると、私は深く理解している。

本書を読み進めるうちに、読者はＬＶＭＨのようなデザイン志向の企業のみならず、すべての企業にとって、なぜ美意識が不可欠なのか、おわかりいただけるはずだ。そして、物事を判断する際に自身のスタイルとどのように調和させていくべきか、「利益」と「創造性の追求」のバランスをどうとっていくべきか、その方法を学ぶだろう。

本書を通じて、読者の皆さんがビジネスにおいてなぜ美意識が求められるのかを理解し、優位性を確立するために美意識をどうビジネスに生かしていけばよいか、理解されることを確信している。

第 I 部

AIを超えるもの〈美意識〉とは

Chapter

1

なぜ「美意識」が必要とされているか

……人間にしか担えない「直感」と「感性」という強み

ＬＶＭＨモエヘネシー・ルイヴィトンで私に最初に課せられたのは、世界最古のシャンパーニュ・メゾンであるルイナール、イタリアの宝飾品ラインであるブルガリといった、グループ内ブランドの業務に打ち込むことだった。

ルイナールでは地下にある白亜（白色、または灰白色の軟らかな石灰岩。石灰の原料、白壁の塗料とする）の採石場やブドウ畑を訪れ、またブルガリでは宝石を加工、研磨、装飾する職人たちの見事な技に触れ、強い感動を覚えた。その経験は、私の感覚、あるいは美意識を刺激し、私は「ブランド構築」という新たなる世界に足を踏み入れた。

品質、独自性、製品に込められた思いや手間が顧客の感動を呼ぶのは、その企業に美意識があるからだ。美意識があるものは長く残る。ＬＶＭＨのトップであるベルナール・アルノーが次のように述べたとおりだ。

「私は、iPhoneを持っている。だが二十年後にもまだiPhoneが広く使われているだろうか？もしかすると、そうではないかもしれない。ことによると新しい製品や、いっそう革新的な何かを私たちは手に入れているかもしれないのだ。ただ現時点で言えることがある。それは、今から二十年後にもなお、ドン・ペリニヨンは飲まれているに違いないということだ(1)」

人が「高い料金を払ってもいい」と思う時

一般的に美意識という言葉は、物事がどのように見えるかを説明する時に使われる。ビジネスにおいては、製品やパッケージのデザイン、ブランドイメージ、企業理念などに用いられるだろう。ところが、この言葉が意味するところを深く捉《とら》えれば、単に「見た目の優雅さ」にとどまらないことに気づくはずだ。

本書で私が使う「美意識」という言葉は、人が自らの感覚を通じて対象や経験を理解し、知覚することで得られる喜びや満足感のことだ。そして、後述するが、美的知性とは、ある物事や経験から引き起こされた感覚・感情に気づき、それを洞察力をもって解釈し、わかりやすく表現する能力のことだ。

美意識に支えられたビジネスであれば、消費者が「喜んで買いたい、消費したい」と思うような製品やサービスを提供できる。消費者は、そうした製品やサービスの「利便性」に対してではなく、見た目、味、香りや音、手触りといった**「感覚上の満足」に対して、快く高い料金を支払う**だろう。

美意識が感じられる商品やサービスでは、消費者の関心は機能がどうとか、取り引きとしてどうかということより、どんな経験ができるのか、どんなふうに生活や人生が向上するのか、思い出深い経験になるのか、といったことに移っていく。ビジネスにおいてそれは、売り上げが増え、商品への愛着が生まれ、株主に利益が還元されることを意味する。

「物」ではなく、変化に富んだより意義のある「経験」が求められる世界、そして人々がどんなものを望んでいるのかを的確につかむことが、かつてないほど市場支配力に直結する世界では、企業の製品やサービスに美意識があるか否かが、企業が長期にわたり成功を収められるか否かを左右する決定的な要因となる。経営陣や起業家、そしてすべての職業人は、美意識とはいかなるものかを明らかにし、自身の業務にどう適用するかを学ぶこと。そうすれば、美意識の持つ力によって利益を得ることができるだろう。

私はこの「美意識をビジネスに生かす」という極めて重要なスキルを美的知性、あるいはAesthetic Intelligenceの頭文字をとって**「第二のAI」**と呼んでいる。

「感覚的な経験」——コンピューターでは絶対に代替できないこと

企業は、美意識を持って消費者に向き合えば、成功する。一九九五年にペンシルベニア大学ウォートン校でMBAを取得した時、私は、美意識を重視していなかったし、その価値を認めている人は、ごくわずかだった。

しかし、美意識に対する深い責任感がなければ、長きにわたり(時に何世紀も)存在し得なかったであろう高級品を扱うセクターで働いた経験から、私ははっきりと悟ったことがある。それは、規模や効率を追い、新製品を世に送り出すことに企業活動の中心を置く非高級ブランドでは、美意識への無関心により、経済的な価値だけでなく顧客価値（製品やサービスを利用することで顧客が実際に得る価値）も傷つけている、ということだ。

デザイン思考（ビジネス上の問題を解決するためのプロセスや戦略に主眼を置くアプローチ）とは異なり、ビジネスにおける美意識の有用性とは、喜びや楽しみ、すなわち人間の精神を高揚させ、感覚的経験を通じて想像力をかき立てることにある。美意識をうまく活用すれば、企業にも顧客にも大きな利益がもたらされる。現在においても、近い将来においても、美意識は富を生み出す可能性を秘めている。

利便性や効率の問題については、コンピューターを使えば解決できる。しかし、私たちが「人間らしさ」を再び取り戻すための新しく有意義な方法をコンピューターが提供してくれることはないし、その点はこの先も変わらない。

分析やデータ収集、解析などの仕事、定型業務などは、社会のオートメーション化により、この先、ますますコンピューターが担うことになるだろう。

しかし、テクノロジーが簡単には代替できない分野の活動——芸術作品を生み出したり、美を創造したり、人との深いつながりを築いたりすること——においては、私たちが自らの才能やスキルを発揮しなければならない。そうした分野における活動では、現在だけでなく未来においても、人間のほうがコンピューターより優《まさ》っている。

グーグルの元CEO、エリック・シュミットが言うように、将来成功を収めたいと思う人は、こうした「能力の境界線」をよく注意して見なければならない。つまり、テクノロジーで解決できる分野ではコンピューターを大いに活用し、そうでない分野に関しては私たち自身が最善を尽くすことだ。

過剰生産や産業の発展に伴う負の蓄積を減らすためには、商品の価格、入手のしやすさ、使い捨てできるか、といったことよりは、製品の品質、意義や価値、美しさ、耐久性や永続性に価値を見出す必要がある。経済と社会のサステナビリティ（持続可能性）のためにも、美意識という基準と戦略を広めていくことが欠かせないのだ。

幸いにも、美意識は後天的に習得できる

美意識をビジネスに生かしていくために、企業の幹部は自身の美的感性や価値観のみならず、顧客の美的感性と波長を合わせなくてはならない。研究によれば、購入するかどうか意思決定する際に、その八五パーセントを占めているのは、分析的思考ではなく感情や感覚だという。しかしながら、多くのマーケティング担当者は、残りの一五パーセントの部分、つまり製品の仕様や機能性の評価にばかり注目している。

ビジネスにおける美意識は、まずはトップレベル、つまり企業リーダー自身の「第二のAI」に左右される。リーダーは、自身の美意識を支えるのに適した組織と企業文化を構築し、支援し、維持する能力をも持ち合わせていなくてはならない。

美意識は誰にでも備わっているが、そのほとんどは生かされていない。もちろん、生まれな

がらに美的感性の優れた人や天賦《てんぷ》の才に恵まれた人もいる。例えば、ミュージシャンのボブ・ディランは極めて鋭い音感を持っている。また、シェフのウルフギャング・パックは味覚が非常に優れている。だからこそ、彼の料理には絶妙の食感や風味があるのだ。

だが、ディランやパックのような人でさえ、その分野で活動を続け、関心の的であり続けるためには、優れた感性や感覚が衰えないよう、たゆまずスキルを磨き、スタイルを進化させなければならない。また、広範な市場の嗜好《しこう》の変化に遅れずについていく必要があるし、時間とともに表現のありようを修正し、微調整しなければならない。

ルイ・ヴィトン——何を継承し、どう革新してきたか

結局、一流品、名作でさえも、人々の関心を集め続けるには当世風であるよう、見直しが必要ということだ。その一例が、**ルイ・ヴィトン**だ。このブランドは、旅客蒸気船が出現し、世界旅行が可能になった時代に注目を集め、第二次世界大戦後、蒸気船が姿を消しても、ともに姿を消すことはなかった。現在、ルイ・ヴィトンには、かつてないほどの価値や影響力、そして品格がある。

では、ルイ・ヴィトンは、なぜその存在感を維持することができたのだろうか？　それは、レガシー（受け継いできたもの）とリニューアル（刷新されたもの）をうまく両立したからだ。

今は変化の目まぐるしい時代で、だからこそ、いっそう伝統が貴《とうと》ばれる。しかし、ブランド

というのは、美術館にある芸術作品のように保管され展示されてはならない。生活の中で役に立つものでなければならないのだ。ブランドの伝統の中で、何を重んじて継承し、何を単なる古きものとして切り離すべきか、マーケティング担当者は見極める必要がある。

十九世紀半ばのフランスで、ヴィトンは鞄《かばん》製造業者として創業した。底が平たく（積み重ねられ）、帆布《はんぷ》製で（比較的軽く）、気密性が高い（水に濡《ぬ》れてもダメージを受けにくい）大型のトランクを発売した。蒸気船時代の旅行者のニーズを満たしてくれる、有意義なイノベーションだった。

現在の二十一世紀に、そのような硬くて巨大なトランクは全く無用だ。現代の旅行のあり方にはそぐわないだろう。しかし、「旅」というものが、そのロマンを失ったわけではない。

ルイ・ヴィトンが以前と変わらぬ存在感を示しているのは、ブランドが現代的でありながらも、一貫して、「世界を巡る旅」のすばらしさを追求しているからだ。それは、広告キャンペーンのイメージ、店舗内のモチーフ、さらには特設展示会のキュレーションにも表われている。世界を巡る展示会「空へ、海へ、彼方へ──旅するルイ・ヴィトン」(Volez, Voguez, Voyagez – Louis Vuitton）は、「一八五四年から現代に至るまでのルイ・ヴィトンの壮大な軌跡」を辿《たど》るもので、各地で来場者を魅了した。(2)

ルイ・ヴィトンの製品は、今やどれも軽量でコンパクトになり、旅客機内の手荷物コンパートメントにもすっぽり収まる。

アップル、ディズニー、アディダスの「伝統」と「ブランドコード」

他の先進的企業、例えばアップル、ウォルト・ディズニー・カンパニー、アディダス、スターバックスなども、それぞれの伝統と「ブランドコード」（そのブランドの本質を定義したもの）を重んじる一方で、常に独自の美意識を磨き、製品の魅力、製品への憧れを高める努力を欠かさない。一流は停滞したままではいないのだ。

こうした企業では、競合の製品と類似した製品を持つ。例えば、アップルのスマートフォンは、サムスンのそれと同等の処理能力を持つ。また、エアビーアンドビー（Airbnb）、マリオット、クレイグリストは、個人旅行者向けの宿泊サービスを競《せ》り合いながら提供している。しかし、美意識には違いがある。だからこそ、新製品に千ドル以上もつぎ込むために、iPhoneの顧客は嬉々《きき》として長蛇の列をつくるし、たくさんのテスラのファンが予約金千ドルを支払ってまでも、購入のためのウェイティングリストに名を連ねる。エアビーアンドビーが、世界最大規模のホテルグループを追い抜き、二十年も先に市場に参入した大手インターネット企業を抑え込み、バケーションレンタル（オーナーが使用しない期間に別荘・部屋を貸し出すサービス）市場をリードしているのは、美意識を持ったビジネススタイルを実現しているからこそだ。

エアビーアンドビーでの予約は、直感的に行なえて、楽しい。ウェブサイトは見やすく、洗練されていて、機能面もわかりやすい。せいぜい三回クリックすれば予約は完了する。ユーザーに優しいことはもちろんプラス点だが、さらに重要なのは、人に夢を与えるように構築されていることだ。

美意識を磨いていく際に重要になる最後のポイントの一つが、**「美的共感」**と私が名づけた概念だ。

「第二のＡＩ」は、自身の美的感覚を育むことから始まる。しかしその一方で、たとえ自身の感性と違っていたとしても、他の人々の感性が市場の動向をよりよく反映している限りにおいては、彼らの感性や感受性を深く理解し、尊重することが求められる。センスのよさにも様々な種類があるということは、悪趣味・品のないものが存在しない、ということではない。他の人の趣味のよさに敏感になり（すなわち、美的共感を持ち）、同時にセンスのよいもの、よくないものの違いを知ることで、誰が、どのような形で自分の商品やサービスに反応してくれるのか、あるいはしてくれないのかを予測できるようになる。

ヴーヴ・クリコのシャンパーニュが時空を超える理由

美意識がどのようにビジネスに恩恵をもたらすのか。そして、どうすれば効果的かつ確実に、美意識を生かすことができるのか。それらを理解できれば、ブランドが存続していく可能性は劇的に高まる。世界屈指のシャンパーニュ・ブランドである**ヴーヴ・クリコ**が最良の例だ。十九世紀初頭、フランス人の女性実業家、マダム・クリコことマダム・バルブ－ニコル・ポンサルダン・クリコは、美しいシャンパーニュを製造するための技術革新と画期的なアイデアをもたらし、「シャンパーニュのラ・グランダム（偉大な女性）」と呼ばれるようになった。

一七九八年、マダム・クリコは、メゾン・クリコ（フランスのシャンパーニュ醸造会社の老舗）の創業者の息子であるフランソワ・クリコと結婚。夫婦はシャンパーニュに対する情熱と、シャンパーニュに関する知識を共有した。だからこそマダム・クリコは、一八〇五年に二十七歳で未亡人になっても、事業を受け継ぐことができたのだ。彼女のリーダーシップの下で、ビジネスは繁栄し続けた。

マダム・クリコは家業を守っただけではなく、動瓶《どうびん》（ルミアージュ）と呼ばれるテクニック（澱《おり》を取り除き、透明度を高める手法）を開発して品質を向上させた。動瓶台を発明し、澱をボトルネック部に集めて取り除けるようになったことで、シャンパーニュは格段に風味が増し、見た目も美しく変わった。この手法は現在もなお、数々のワインメーカーが取り入れている。

また、赤ワインをブレンドしたロゼ・シャンパーニュ――世界中の結婚式や特別な場でよく登場する、魅惑的なピンク色のシャンパーニュ――を最初につくったのも、マダム・クリコだった。ヴーヴ・クリコの濃黄色（卵黄の色）のラベルは、一七七二年以来のクリコのシグネチャーであり、ブランドのレガシー、独自性、美学を力強く表現している。

マダム・クリコは、自らの美意識を生かして既存の製品を改善し、格別で、時代を超えて愛される製品を生み出した。そして、強い美意識に支えられた戦略によって、マダム・クリコのシャンパーニュは、世界有数のブランドとして確固たる地位を築いたのだ。

とはいえ、マダム・クリコはワインビジネスの知識を生まれながらにして持っていたわけでも、大学に通ってデザインを学んだわけでもない。夫の傍《かたわ》らで夫の仕事をよく観察して見守るうちに、製品のよいところ、改善すべきところを見極める自らの直感を信じるようになった。そう、「第二のＡＩ」は後天的に身につけられる、ということなのだ。

「模倣」から「本物」は生まれない

「第二のＡＩ」を磨く上で、正しい教育や、洗練された環境に生まれ育つことは役に立つかもしれないが必須ではない、と美術史家であるマクスウェル・Ｌ・アンダーソンは強く主張する。これは、マダム・クリコのレガシーでも明白だ。

「質のよし悪しを見分けるスキルは、誰でも習得できる」とアンダーソン博士は言う(3)。料理に情熱を注ぐ人はおそらく、直感的に上質な調理器具を選ぶことだろう。自転車競技の選手も同様に、鋭い直感で自分の自転車の調子を見抜き、画家は絵の具に「こだわりのブランド」があるだろう。アンダーソンによれば、こうした人たちは、そのスキルを、アートやデザインに対する洞察を深めるために活用する。

あらゆる分野において、何がその製品や経験に特別な価値を与えているのか、あるいは与えていないのか、その違いを識別する能力を理解し、その能力を用いるのを学ぶこと。これこそ「第二のＡＩ」を磨く第一歩だ。実践していくうちに、美意識は研ぎ澄まされていくだろう。

「良質なもの・上質なもの」を識別できるようになると、他者がつくったものを模倣したくなるかもしれないが、その衝動に屈しないでほしい。**模倣から、永続的に価値のあるものが生まれることは、まずない**からだ。真正性や独自性は、特にビジネスにおいては、長期にわたり美を追求するための鍵となる。

ファストファッション・ブランドは、羨望《せんぼう》の的であるハイエンドなブランド製品と類似したパターン、スタイル、シルエットなどの製品を量産できるだろうが、新車の再販価格と同じように、そういった模造品は時間が経つにつれ価値が下がっていく。しかし、エルメスのバーキンはオークションにかけられると、元の小売価格をはるかに上回る値段で取り引きされることが多々ある。(4)

「データ分析」か「画期的なアイデア」か

ペンシルベニア大学ウォートン校を卒業して数年経った時、私はエスティローダー・カンパニーズの戦略を策定、提案するチーフ・ストラテジストに任命された。同社にコンサルティング会社のベイン・アンド・カンパニーから転職した私は、この不慣れな企業での新たな仕事に、「ベイン式ツールボックス」を持ち込んだ。これは私がベインで叩き込まれた、ビジネスを分析的に理解し、「データ・クランチング」(データを分析し、有益な情報に加工すること)と経済的モデリングに基づいて、事例を組み立てる方法だ。

新しい上司で、当時、最高執行役員を務めていたフレッド・ラングハマーに初めて会った時、私は非常に大きな刺激を受けた。フレッドはとても鋭敏で現実的なドイツ人だった。私は山のような市場分析を準備して、最初のミーティングに臨んだ。

ところが、フレッドは、私のベイン流の報告書を机に叩きつけ、射抜くような、青い目で私を見た（すべてお見通しだったのだろう）。なんということだ。フレッド・ラングハマーは、私の積み上げた報告書には、全く興味を示さなかった。報告書は、過去の実績を分析していただけで、画期的なアイデアや前向きな解決策はなんら提示していなかったのだ。今すぐ実行に移せる具体的な提案など、一つもなかった。

フレッドが私に期待したのは、ビジネスをものにすること——つまり、**顧客に提供するべき価値を真に理解し、的確に認識し、大切にすること**であり、単に合理的・客観的に観察することではなかった。フレッドが求めていたのは、気づきや議論をもたらすパートナーであって、情熱に欠けるアナリストや単なる使用人ではなかったのだ。

「心の奥底にあるもの」を見抜く洞察力

私が会社の価値を高めることができるとすれば、その唯一の方法は、戦略をうんぬんするのではなく、自ら化粧品部門の業務に没頭し、ショッピング・フロアで時間を過ごし、顧客の購入の動機や願いや夢を理解することだ、とフレッドはわかっていたのだ。

それは、私が自分自身と向き合い、従業員としてではなく一個人として、「自分らしさ」を仕事で発揮するということでもあった。エスティローダーが何よりも必要としていたのは、より綿密な財務モデルではなく、美容化粧品を買い、使うことを純粋に楽しむ人の「心の奥底にあるもの」を見抜く力だった。

ベインでは、現実のビジネスの課題を解決するためのコンセプトが詰まった精緻《せいち》なツールボックスを与えられていた。けれども、問題は、そのツールボックスがデータ分析やファクト分析にばかり焦点が当たっていて、現実の課題（つまり人間についての現実的な課題）について描写・説明したり、取り組んだりするには役立たないということだった。ツールボックスを使えば、企業の背景、それまでの業績、競合他社や販売網、問題が存在する可能性などを知ることができたが、人を理解する助けには全くならない。

人はなぜ、特定の製品を選んで購入するのだろう？　どうすれば、企業は、現在と未来の消費者を惹《ひ》きつけ、満足させることができるのかについて、私はベインにいた時には学べなかった。

さらに、ベイン流の分析から、私（やコンサルタント仲間や法人顧客の多く）は「モデルがきちんと構築されていてデータが正確ならば、必要な答えはすべて得られるだろう」という間違った安心感を持っている。実際には、ビジネスやその将来に関する答えを見つけるのは、はるかに複雑かつ面倒で、どんなツールボックスからも答えは得られはしない。企業は、人々の夢や願望に基づいて戦略を構築し、エスティローダーの場合と同じように、その戦略をもっと全体的、総合的に伝えなければならない。私は、それまでは見過ごしていた可能性を、ビジネスの中に認めるようになった。自分自身の美意識を見つめ直し、何年ものあいだ忘れ、おざなりにしていた感性を呼び覚ます時が来たのだ。

人は「商品」ではなく「体験」を求めている

アヴェダの買収は、私がエスティローダー・カンパニーズに加わった頃に手がけた業務の一つだ。アヴェダは、オーストリア生まれのホースト・レッケルバッカーが、ミネアポリスで若手スタイリストとして活躍していた一九六〇年代中頃に立ち上げたヘアケアサロンを、革新的に発展させた企業だ。

レッケルバッカーは一九四一年、オーストリアでハーバリスト（ハーブの専門家）の母と靴職人の父のもとに誕生し、早くも十七歳で、世界クラスのスタイリストとして、その名を馳《は》せた。二十歳でヨーロッパのヘアスタイリング・チャンピオンになったことをきっかけに、ヨーロッパとアメリカ合衆国の各地を巡った。一九七〇年、レッケルバッカーは、日常の喧騒《けんそう》から離れるために滞在したインドで、周囲の環境と調和することを学び、その後アーユルヴェーダと出会う。このホリスティック医学（精神や霊性を含めた人間の全体像から健康を考える医学）と出会ったことで、レッケルバッカーは、植物由来の成分は使う人にも地球にも優しいことを知り、一人ひとりの美はその人を取り巻く環境の美とつながっていると考えるようになった。

私たちはみな、どこで何をしてきたかに影響を受ける。そして、自分の過去の経験とそこから受けた影響と向き合い、理解することで、経験を何ものかへと変換する力を養う。レッケルバッカーは、ハーバリストの母に育てられたという過去、ヘアスタイリングへの興味、化学物質が体にもたらす作用への理解、そしてインドでの経験から、多くのものを見出した。彼自身、ヘアケア製品に一般的に使われている有害な化学物質にかなり敏感だった。美容製品を考案するためにレッケルバッカーがとった感覚的アプローチは、当時は画期的だった。

同じように、アヴェダ買収のプロセスは私にとって、多くのことに気づく機会となった。顧客がアヴェダを愛したのは、その配合成分の質がよいからだけではない。そうしたアヴェダの使命感は、環境に優しいパッケージのデザインにも、天然素材を使用したアヴェダのサロン、さらにはラベンダーやローズマリーミントといった天然成分の香りにも反映されていた。**アヴェダが優しさにあふれ博愛主義的な使命感を持っているから**でもあった。

今でこそ、自然志向の香りのよい製品はどこにでもあるが、当時はユニークで新鮮だった。

買収を行なった時点では、アメリカで売り上げナンバーワンのシャンプーは、パンテーンだった。そして、そのオーナーであるP&G社は、美しく髪を整えたモデルを起用した広告に大金をつぎ込み、シャンプーに含まれた保湿成分のパンテノールを大々的に打ち出すことをマーケティングの戦略としていた。当時、シャンプーには官能的な香りなど全く期待されておらず、マーケティングは「ドライ」「オイリー」「ノーマル」という三タイプの髪質に合わせたトリートメントの有効性に焦点を当てていた。

そうした中で、レッケルバッカーは自身の様々な人生経験から、髪の毛、人生、地球への配慮のすべてを統合した革新的なブランドをつくり上げた。そのようなことをするために、特別な天賦の才能など必要ない。誰もが人生の多様な部分に目を向け、そこに通底するパターンを理解し、チャンスに気づけるはずだ。

あなた自身が自分の人生の中にどのようなパターンを見出せるのかは、私にはわからない。しかし、あなたが周囲と調和し、自分が知り、経験したことを受け入れれば、それまでにないパワフルな発想が生まれると私は信じている。

現在、私たちは、ある意味、アヴェダのおかげで、シャンプーやコンディショナーを使用するたびに「アロマテラピー」的な体験を期待する。しかし、レッケルバッカーがアヴェダを興《おこ》した一九七八年当時は、そうではなかった。洗髪を「様々な感覚を刺激する体験」にしたのは、レッケルバッカーである。

もしも、私がアヴェダの財務実績の分析結果だけに注目していたなら、はるかに重要なこと、つまり、顧客は製品に効用や価格以上のものを望んでいるという事実を、見逃してしまっていただろう。実際のところ顧客は、自分と自然を再び結びつけてくれる製品、そしてごく日常的な作業さえも「体験」に変えてくれる製品を求めていたのだ。

レッケルバッカーが髪の毛、人生、地球への配慮を結び合わせたように、私はアヴェダの事業の可能性を理解するべく、多種多様な情報をパズルのようにつなぎ合わせる必要があった。なぜ、顧客はアヴェダに惹かれるのか（見た目や香りがよい、天然成分だから、単なるお手入れではなく、それ以上の体験ができる）、広範な文化で何が起きているのか（オーガニック成分や天然成分への関心が高まっている、環境破壊に対する懸念が拡大している）。

答えを見つけるのに、特別な才能など必要なかった。ただ、アヴェダというブランドを特徴づけ、成功させている美意識とは何かに気づく方法を学びさえすればよかったのだ。

どれだけ他者の「感覚」に訴えかけているか

ジョー・マローン・ロンドンの買収もまた、私自身が美意識の価値を多く学ぶきっかけとなった。

一九九九年、二十世紀最後の年、アメリカ合衆国のフレグランス部門は苦戦していた。当時の私の雇用主であるエスティローダーはすでに一定の成功を収めており、ホワイトリネン、プレジャーズ、ビューティフルなどの香水がベストセラーになっていたものの、フレグランス市場は、全体としては衰退しつつあり、それまで長きにわたって人気を博してきたブランドでさえ、存在感も売上高も失いつつあった。美容業界では、メイクアップやスキンケアなどの部門が主流となり、さらにナーズ・コスメティックス、ボビイ・ブラウン、ローラ・メルシエなどの比較的小規模の独立ブランドが台頭しつつあった。

ジョー・マローンが一九九四年にフレグランスのブランドとして第一歩を踏み出した時、その製品はロンドンの小さな店舗と、マンハッタンにあるバーグドルフ・グッドマン百貨店内の狭いテナント店舗でしか販売されていなかった。商品の流通がこのように限られていたにもかかわらず、マローンが見識と影響力を持つ女性たちをカウンターに惹きつけたのは、ジョー・マローンに魔法のような力があったからだ。

女性たちをこのブランドに熱中させるものは、いったい何か。この小さな企業の将来性を見極めるために、私たちはその答えを知る必要があった。

ジョー・マローンの製品が特別なのは、マローンが美意識を刺激する強いメッセージを発するからだ。食べ物を思わせる（ネクタリンブロッサム、ペッパーバジル、ホワイトタイムなど）香りから、爽《さわ》やかで優雅なパッケージング、シンプルなロゴ、美しいボックスと豪華な茶色のグログランリボン、そして贅沢《ぜいたく》なクリーミーイエローのショップ袋に至るまで、美に対するこだわりが窺える。製品はギフトのようにデザインされており、自分への贈り物として購入する顧客が多い。

ジョー・マローンがたちどころに成功を収めたのは、マローンが**共感覚**《きょうかんかく》（一つの感覚が他の異なる領域の感覚を引き起こすこと）を持っていたためだ、と本人が語っている（マローンは、音も色も、匂《にお》いとして受け取る）。共感覚は通常、才能とは考えられず、むしろハンデと見なされる。ところが、マローンは自分の鋭い嗅覚《きゅうかく》を強みにする方法を体得した。(5) フレグランス、およびフレグランス購入という行為の本質をつかんだのだ。

今でこそ、フレグランスキャンドルや天然由来の香りのコロンは珍しくもないが、マローンが自分でフレグランスをつくり始めた当時は、そうした商品はごくわずかだった。マローンもまた、アヴェダの創始者、レッケルバッカーと同じように、五感の一つである「匂い」にこだわり、**他者の感覚に訴えかける製品**をつくり出したのだ。

考えてみると、すばらしいヘアスタイリストは大勢いても、その中でヘアケア品を製造して売り出そうとする人は稀《まれ》だろう。共感覚を持つ人の多くは、すばらしく鋭い感覚を持っているとはいえ、家庭用や個人向けのフレグランスを開発しようとはしないはずだ。アヴェダやジョー・マローンの製品やビジネスは、研ぎ澄まされた美意識から導かれたもの、つまり、感覚から得られた要素にどう着目し、その要素をどう体系化していけばよいのかを教えてくれているのだ。

「心を潤してくれるもの」が期待される時代

数年後、私は投資会社カーライル・グループの経営パートナーとして、**フィロソフィー**という独立系美容ブランドへの投資に携わった。フィロソフィーの創業者は、創造性豊かで、明確なビジョンを持ったクリスティーナ・カルリーノだ。フィロソフィーとカルリーノについては後述するが、この買収に関わったことで私が理解したのは、見かけ、香り、そして肌触りや感触などを売りにする業界だからこそ、どのような表現や言い回し、トーン、そして声の調子でブランドを表現するかがなおさら重要になる、ということだ。カルリーノは自身のブランドを、外見上の美の基準を満たすためのものというよりも、顧客の気分が高まり、内面の美に注目するようなものにしたいと願っていた。

Grace（優美）、Purity（無垢《むく》）、Renewed Hope（新たな希望）などの商標にも表われているとおり、その製品は単なる見かけのよさよりも**女性の心を潤《うるお》すこと**に主眼を置いている。彼女の言葉の選び方、コミュニケーションの方法、そしてユニークなフォントの使用が、製品の品質と一体となっているからこそ、人々に語りかけているのだ。

私たちのチームは、デューデリジェンス（投資を行なう際、投資先の企業の価値、リスクを調査すること）を終えると、カーライルの投資委員会にフィロソフィーに投資する利点について述べた。当時、委員会にはカーライルの三人の創業者が参加していた。私たちは、あらゆることを分析し、想定し、将来、起こり得るリスクと利点など、意思決定者に報告すべきあらゆる事柄をくまなく調べた。

当時、カーライルが美容部門に投資していることは、まだ知られていなかった。というのも、創業者たちは従来、航空宇宙、テクノロジー、防衛、テレコミュニケーションといった分野や事業での取り引きを専門的に行なっていたからだ。その一方で、消費材、特に美容プロダクトにも参入したいと考えており、私が起用されたのだった。

会議の場で最終決定を待っていた時、創業者の一人であり、真面目人間のデイビッド・ルーベンスタインが不意に背筋を伸ばし、一つだけ聞きたいことがある、と言った。当然ながら、評価額の判断か法的な問題を尋ねるつもりだろうと私は思った。ところがそうではなかった。

彼は、フィロソフィーの取扱品目の、あるサンプル製品を手に取って、「これには、本当に効果があるのかな?」と当惑したような顔で尋ねたのだ。

デイビッドは、製品が顧客に訴えるのは、その有効性ではなく、美意識であることが理解できなかった。彼にとっては「効果がある」というのが最も重要なことだったのだ。

しかし、すでに述べたように、有効性は、それだけでは差別化には十分ではない。フィロソフィー、ジョー・マローン、ヴーヴ・クリコをはじめとした多くの**パワフルなブランドは、美意識がもたらす喜びや幸福感のおかげで、その価値とレガシーを永続させている。**

幸いにも、デイビッドが困惑したからといって私たちの取り引きが白紙になることはなかった。結果的には、フィロソフィーは、カーライルにおいて当時最も成功を収めた投資の一つになった。

フィロソフィーを所有していた間、カーライルは資本を提供するだけだった。それが功を奏し、フィロソフィーの経営は発展したが、ブランドの価値である美への強い意識はしっかりと守られた。美容産業に従事した経験から、創造性と財務のバランスをとるのがいかに難しいかを知っていた私にとっては、これはありがたいことだった。

私は創造性と財務面を調整することを常に意識していた。時間をかければ、ビジネスにおける美意識・創造性という財産が、財務的な成功につながるはずだ。美意識の力がなければ、ビジネスは成り立たない。企業の美意識を市場に深く、広く浸透させ、それを維持していくにはコストがかかるが、それは必要な投資なのだ。

すべての企業は、創造性と先見性をあわせ持つ人物を経営陣に加え、同等の権限を認め、才能を最大限に発揮できる機会を与えるべきだ。何から何まで財務的思惑に基づいて判断してはならない。デイビッド・ルーベンスタインのような根っからのビジネスマンは特に、周囲を美意識の高い人たちで固めることが重要だ。彼のような立場にあれば、自らが美を強く意識する必要はないかもしれないが、確固たる美意識を持つサポート役がいれば大きな価値をもたらしてくれるだろう。

「控えめな投資」で「大きな利益」が生まれる時

美意識の価値は、美容やファッションのような、デザイン志向のビジネスに限られるものではない。

私は、高級ステーキハウス・チェーンの**デル・フリスコス・レストラン・グループ**の取締役に就任した。このグループの成功の鍵は、質がよく、魅力的な食事やワインだけではなく、照明、BGM、周囲音のレベル、アロマ、さらには食器のデザインといった**「ダイニング体験」**

に対する経営陣のこだわりにもある。だから、デル・フリスコスは「うまい」。

しかし、私が役員に加わった時、デル・フリスコスには、どうも冴《さ》えないものが一つだけあった。ウエイトレスとウエイターのユニフォームだ。当時、ウエイトレスは黒いTシャツと黒いスカートを着用するように指示されていたが、ウエイターは体にぴったりとした白いシャツに黒のベスト、黒のパンツを着ていた。独特でもなければ、面白みもない。それどころか、そこらのレストランで見かけそうな類の服装だった。

デル・フリスコスの経営幹部は、給仕をする人のユニフォームをダイニングでのすばらしい体験の一要素として見てはいなかったわけだ。しかし、レストラン・チェーンのような極めて競争の厳しい業界においては、**あらゆる形の刺激が顧客の感情や行動を決定づける**こと――顧客が喜んでお金を費やし、また来たいと思い、自身のすばらしい体験を語り広めること――を、はっきりと認識してほしい。

給仕をする人は、接客の最前線にいるのだから、ブランドの美意識を共有する必要があるし、それを伝えるためのキーパーソンとなる。ただ、従来のユニフォーム製造業者は、生産コスト、機能、耐久性といった視点でユニフォームをつくる以外の方法を知らない。そこで私は、ニューヨークを拠点とする有能なファッションデザイナー兼スタイリスト、エッダ・グドムンズドッティルに、新たなユニフォームの作製を依頼した。

グドムンズドッティルにとっての最大のチャレンジは、ブランドを支える柱（建築スタイル、メニュー、色彩、マーケティング戦略）を的確に把握して、デル・フリスコスを象徴する品格と美意識（壮大、シンプル、温かみ、洗練）をユニフォームという具体的な形に落とし込むことだった。

彼女はデル・フリスコスのブランド・アイデンティティについてとことん学び、マーケティング資料を熟読した。デル・フリスコスの店舗がある様々な場所を訪れ、その土地それぞれの違いや文化に基づく多様性をじっくりと観察し、ダイニング体験に対する顧客の期待と反応を調査した。

「その後、私は下絵を描き、オンラインでユニフォーム販売業者を調べました。ここではコストが要《かなめ》ですし、耐久性のある素材は何か、業者は知り尽くしています。ユニフォーム販売業者にある既存のシルエットをベースにし、色を選び、飾りを施《ほどこ》し、カスタマイズすることにしました。デル・フリスコスには双頭の鷲《わし》をモチーフにした美しいロゴがあります。そのロゴを繊細な刺繍《ししゅう》にし、男性はタイに、女性はエプロンやスカーフにあしらうことを提案しました。そうしたディテールがスタッフを際立たせ、その一方でトラディショナルな雰囲気をも維持するのです[6]」

それはまた、グドムンズドッティルが事前に調べた、常連客の期待にも応《こた》えるものだった。常連客は、あか抜けていて刺激的でありながら、昔ながらの上質なステーキハウス（フランクで硬派な、クラブハウス風）の雰囲気を味わえる、ユニークな体験を求めていた。新しいユニフォームは、そうした期待に応えている。繊細でスタイリッシュではあるが、前衛的にすぎたり凝りすぎたりはしていなかった。流行に左右されない漆黒色をベースに、深い藤色という意外性のある色が組み込まれていた。

「基準系、座標系は、とても重要です」

グドムンズドッティルは、このプロジェクトについて、そして感性を磨くことについて、そう話す。

「ツールとして活用することで、その基準がより大きなプラットフォームを生み出し、既存のものを単に模倣するのではなく、もっと創造的にならざるを得なくなります。すでにあるものを模倣するだけでは、ブランドが大きく発展していくことはありません。だから、ビジネスの意義や目的を理解することが、独自性をさらに高める力になると私は考えています[7]」

ユニフォームをデザインしただけでなく、彼女はすべてのスタッフのスタイル・ガイドラインを作成し、ヘア、メイクアップなどについての基準を設定した。最終的なデザインが社内で公表された時、私たちは思いがけない利点に気づいた。**スタッフが新しいデザインを誇りに思い、仕事にいっそう熱心になった**のだ。そして、その熱心さが、顧客に対するハロー効果（後光効果）ももたらした。

ユニフォームの刷新という、**比較的控えめな投資が、結果的に大きな利益を生み出した。**さらに、グドムンズドッティルは、厳しい予算と短い納期などの条件、具体的な要望（様々な体形やサイズに対応できること、素材の耐用性、再注文の容易さなど）も満たしながら、プロジェクトを完了させたのだ。

「存在価値を得る」ために不可欠なもの

その他に、私がチームに推奨したのは、レストランで食事をするというダイニング体験の要素を一つひとつ詳細に分析すること、そして、食事をする人とレストランとの「心のつながり」を理解することだ。チームがそのプロセスの重要性を理解した時、そして欠点を修正し、美点を伸ばそうとする前向きな姿勢が生まれた時、全体の改善を図る体制が整った。こうして、デル・フリスコスでのダイニング体験すべてが、ますます豊かなものになったのだ。

デル・フリスコスが求めたのは、トラディショナルなステーキハウスが持つ要素をブランドに反映させることだった。ステーキ好きな人は、おいしいステーキを連想させる情報を店内に探そうとする。例えば、トラディショナルな雰囲気を醸《かも》し出す色遣い、手に取るとずっしりとくる重い器、ステーキを際立たせる純白の陶器の皿、心安らぐ穏やかな照明、活気にあふれる音楽など。とはいえ、退屈で時代遅れのような印象は決して与えたくない。

ターゲットとするのは、現代のデザインとカルチャーに精通する、洗練された、都会的な顧客だった。そこでコンテンポラリーなひねりを加えるために、天井を高くして開放感を生み出したり、レトロな錬鉄《れんてつ》のレールを使用して魅力的な外観とモダンな雰囲気を強調したり、意外な色彩のポップアートを取り入れたりした。その結果、顧客は、ほどよい刺激を受けながら、ユニークで忘れがたいダイニング体験を味わうことができるようになった。

人と人とのつながりを築くことは、複雑で奥が深く、困難を伴うものだ。が、美意識がそこにあればうまくいくだろうし、顧客はより深く豊かにブランドの世界観を体験できるはずだ。クリエイターに課されている義務とは、彼らのアイデアを「体験に値する」と心から思える動機につないでいくことだ。

物があふれている今の時代、消費者はもはや物欲に駆られることはなく、むしろ**意味や意義のあるもの**を求めている。だからこそ、永続していくブランドは、意味や意義のあるものを提供し、感性に訴えかけ、想像力をかき立てようとするのだ。そうしたブランドを駆り立てているものは、商業的な動機をはるかに超えている。彼らは自社の製品やサービスに触れた人々を一つにし、楽しませることを目指しているのだ。

豊かな美意識を持つ企業となるためには、**確固とした「レゾン・デートル（存在理由、存在価値）」**に拠って立つことが求められる。つまるところ、それこそが真に顧客の心に訴え、顧客の気持ちをかき立て、顧客を喜ばせるものなのだ。企業は顧客を「単なる消費者」ではなく、「生きていることを実感したい人間」として見なくてはならない。

Chapter 2

人の感情を揺さぶる不思議な力

……五感は「誘惑される」ためにある

先日、私は、地元のホールフーズマーケットでボディ用石鹸《せっけん》を探していた。固形石鹸が棚に整然と並んでいて、詰め合わせセットもあれば、しゃれた模様の紙にラッピングされたもの、ダンボール素材を使用した個包装のものもあった。

一つの棚が目にとまった。きれいに積み上げられた石鹸は、レモン、オートミール、バニラなど食べ物を思わせる自然な色や、ラベンダーやバラなどの植物に似た色をしている。パッケージングはいたってシンプル。飾り気のない茶色の厚紙でできた個性的な「ベルト」が一つひとつの石鹸に巻かれ、黄麻の紐《ひも》でとめられている。

なんとも魅力的だった。石鹸のデザインからもパッケージングからも、多くの思いが込められていることが窺えた。手仕事で仕上げたに違いない。製品もパッケージングも職人によるカスタム・メイド、そして素材は合成物質ではなく天然由来だろう。

最小限のラッピングなので、石鹸の両端はむき出しだったが、そのおかげで製品の滑《なめ》らかさを感じ（とてもクリーミーな泡が立つかのような）、その自然の香りを深く吸い込むことができた（レモンの香りはイタリアのトスカーナ、ラベンダーは南仏プロヴァンスを連想させ、それらの石鹸を使ったら、きっと体も同じ香りに包まれるのだろうと思えた）。

むき出しになっている端の部分を指でなでたり、紐を指でつまんだり、鼻に当てて香りを嗅《か》いだりと、一つひとつの石鹸に、少なくとも十五秒ほどは夢中になっていたはずだ。結局、一つではなく二つ手に取ってかごに入れた。すっぽり包装されている他の石鹸よりも高価だったにもかかわらず、だ。ものによっては二ドルも高く、日用品としては微々たる差とは言えなかった。

他のすべてを差しおいて、私がその石鹸を選んだのはなぜか。

それは、**その製品が様々な感覚（嗅覚、触覚、視覚）に訴えかけ、実用性をはるかに上回る感動を呼び起こした**からだ。

通常の包装が施された石鹸であれば、紙やプラスチックに妨《さまた》げられ、そのような体験はできないはずだ。

人は、複数の感覚が刺激され、感情を揺り動かされた時に、魅惑される。

洗浄効果という石鹸の実用性からみれば、大手のブランド品も無名ブランドの品も大差はないだろう。

しかし、その石鹸に覚えた親近感や香りが喜びをもたらし、実用性について考えることは二の次となった（とはいえ、私が特定ブランドの愛好者になるには、期待どおりの使い心地のよさを肌で感じられた時だけだ。身を包み込む香り、クリーミーで弾力性のある泡、肌への優しさなどは欠かせない要素だ）。

「競争優位」を確立するための鍵

私がその石鹸に感じたような誘惑は、ブロック玩具ブランドのレゴ、オーディオメーカーのボーズ、そしてアップルストアのような体験型ショップでは、さらに強くなる。

レゴストアでは、子どもも大人も、その場で実際にブロックを見て触ることができるし、拡張現実（現実の世界に仮想空間をつくり出すこと）を体験することで、製品をよりよく知ることができる[1]。

ボーズのショップでは、開放的なエントランスが、数々の機器を揃えた広々とした店内へと訪れる人を招き入れる。ヘッドフォンを備え付けた試聴スペースで一人で音楽を楽しむことも、付属品を手に取って選ぶことも可能だ。ショップスタッフは、他のショップで購入したボーズ商品についても喜んで相談に乗ってくれる。ボーズのサウンドシステムの音質についてはオーディオファンの間で賛否両論があるものの、その外観とスタイルは間違いなく刺激的で、目を存分に楽しませてくれる。

アップルストアも同様だ。顧客は購入に踏み切る前に、製品に触れ、滑らかで鏡のような手触りを肌で感じ、試聴して音質を確かめ、使う喜びを体験できるのだ[2]。

機能面から見ると、レゴのブロック、ボーズのスピーカー、そしてアップルの製品は、競合メーカーのブロック玩具やスピーカー、タブレットやスマートフォンと比べて、ずば抜けて優れているとは必ずしも言えないかもしれない。しかし、シンプルな石鹸と同じで、レゴやボーズ、アップルの製品はいずれも、他のメーカーの製品が語らない何かを強く主張している。それを私たちは体で感じ、そして心を動かされているのだ。

消費者の心を動かすものとは、いったい何だろう？　それは、とても根本的なもの、例えば、石鹸とリラクゼーション、カシミアと温《ぬく》もり、クラシック音楽と安らぎ、アイスクリームと快楽といった、人と物との感覚的なつながりではないだろうか。

デザイナーのイングリッド・フェテル・リーによると、幸福感、満足感、快感（あるいは、あらゆる喜びを伴った一瞬の強い感情）は血圧を下げ、免疫力を上げ、生産能力を向上させるという。さらに、そうした「喜び」は、均整のとれた美、明るい色、心地よい音などといった視覚、聴覚への刺激から生まれることもある[3]。

「いい買い物ができてよかった」という体験には、美意識を語る時の基本言語となる「五感」が大きく関わってくる。味覚、嗅覚、触覚、視覚、聴覚がどのように機能しているかを知ること、つまり五感が互いにどう影響し合い、マーケターがどのように顧客の五感に刺激を与えているかを知ることは、効果的・究極的に言葉を使うため、そして企業が競争優位を確立、維持していくための鍵となる。

本書ですでに述べたように、消費者が購入するかどうかを判断する際、その動機の約八五パーセントを占めるのは、製品やサービスに対する感覚や感情（感性）だ。製品の特性や機能を意識して、合理的に下している判断は、一五パーセントに過ぎない。しかし皮肉にも、多くのマーケティング担当者は製品の特性や機能を宣伝することに、ほぼ一〇〇パーセントの力を注いでいる。明らかなことは、製品やサービスがうまくいっている限り、いかにして感覚を刺激し、感情的なつながりを生じさせるかという知見が、その企業に長期にわたって形成されてきている、ということだ。

五感を科学的観点から知ろう

「感覚」とは、感覚器官が刺激され、その情報が脳内で受容・解釈された時に生じる意識体験だ。脳は処理した情報を、人や場所や活動など、記憶の一部に結びつける。感覚器官を通して脳に伝わった情報がどう解釈されるかによって美意識はつくられる。人々を魅了する経験や瞬間を生み出そうとする場合、このプロセスを軽視してはならない。

視覚は、脱工業化社会において、主要となる感覚だ。目で見ることにより、人は光、色、形、動き、そして周囲にあるすべてのものを捉えている。目に映る物事を解釈するのは、もちろん脳の役目だ。しかし、色や形をどう解釈するかは、個々の記憶や体験によって異なる。

さらには、人の記憶や体験もまた、どのように形成され、受け継がれるのかは生まれ育った文化に左右される。例えば、西洋文化では、赤は停止、血、性的本能を意味することが多く、黄色は陽気さや太陽、白は純粋や清潔感、緑は新鮮さや自然を連想させる。

味覚は、物質の風味を識別する感覚だ。人（やその他の脊椎《せきつい》動物）の場合、脳内で風味を認識する時には、嗅覚とともに機能することが多い。味覚は中枢神経系の一機能だ。人の味覚受容体は舌の表面、軟口蓋《なんこうがい》、咽頭《いんとう》、喉頭蓋《こうとうがい》の上皮にある。

人が感じる味覚は五つある。甘味、塩味、酸味、苦味、そしてうま味だ。五つ目のうま味は、以前からある四つに、近年加わったものだ。

甘い味は喜びや楽しみ（アイスクリームやチョコレート）を、塩味の利《き》いたものは温かみや安心感（自家製パスタやローストチキン、野菜スープ）を、そしてうま味は力やエネルギー（パルメザンチーズ、トマト、マッシュルーム、牛肉）を連想させる。

嗅覚は化学的プロセス、つまり周囲の化学物質を鼻腔《びこう》の受容体や神経で受け取ることで生じる感覚であり、マイルドな匂いから、心地よい香り、悪臭までを感じ取る。人の嗅覚は、大脳辺縁系（本能を司《つかさど》る古い脳と呼ばれる部分）の一部である嗅球《きゅうきゅう》に結びついている。嗅覚は、脳の最も原始的な部分、サバイバルメカニズムと関連している。嗅覚以外の感覚情報はいったん視床《ししょう》に集められるが、匂いは視床を中継せず、扁桃核《へんとうかく》や視床下部《ししょうかぶ》へ直接送られる。

五感の中で、感情、連合学習、記憶の処理を担う脳領域に直結しているのは、嗅覚だけだ[4]。刈り取られたばかりの草の匂いで、初夏の記憶が蘇《よみがえ》る。柑橘《かんきつ》系の香り、とりわけレモンの匂いは清潔さを感じさせ、松の香りはクリスマスシーズンを想起させる。これら三つの匂いが幸福感を高めることは、近年の研究で明らかになっている。[5] なかには、コーヒーの香りを嗅ぐとアイデアが湧くように、問題を分析的に解決する際に役に立つ匂いもあるだろう。[6]

触覚は体性感覚の一部で、様々な受容器や神経から成る広範に及ぶネットワークであり、心地よさ、温度、痛み（大脳皮質の頭頂葉で処理される情報）などを認識する。こうした感覚受容器は、皮膚や上皮、骨格筋、骨、関節、内臓器官、そして心臓血管系にも分布する。

カシミアはしなやかでとろけるような感触だ。パーケル地のシーツのパリッとした手触りは、使う人を上品な気分にし、落ち着きを与えてくれる。荒削りのオーク材でつくられた田舎風のテーブルは、頑丈で長持ちしそうな感じがする。

聴覚は音波の刺激によって生じる感覚だ。音は、外耳道《がいじどう》を通り、鼓膜《こまく》を振動させ、脳に伝わる。振動は耳小骨《じしょうこつ》を伝って蝸牛《かぎゅう》に届く。音の振動は、蝸牛のリンパ液を動かし、有毛細胞を揺らす。有毛細胞は電気的信号を発し、その信号を聴神経が拾う。蝸牛の頂部にある有毛細胞は低音情報を、蝸牛の基底部にある有毛細胞は高音情報を送る。信号は聴神経を介して脳に送られ、脳で（騒がしい、静か、心地よい、不快などの）音として解釈される。

人間は、ある一定の音に順応するようになった。削岩機の音はひどく耳障《みみざわ》りで、すぐに窓を閉めたり道路の反対側に渡ったりなどの行動に駆り立てるが、赤ん坊の泣き声を聞けば、すぐに飛んでいって抱き上げたくなる。また、犬が吠《ほ》える声には警戒心を強めて辺りを見回し、笑い声が聞こえればリラックスして、その輪の中に加わりたくなるものだ。

「自分だけの特別な体験」がつくられる時

特定の製品、ブランド、サービス、あるいは体験を通して、自分の感覚（五感のうち少なくとも三つ）が刺激された時、人は深い感動や満足感を覚える。興味深いことに、こうした感動や満足感は、製品やサービスを購入する時だけではなく、購入前の期待や、購入した時の思い出――製品を見た時に生まれた感情――が組み合わさった場合にも味わえる。

研究が示すところによれば、消費者が感じる喜びや高揚感のうち五〇パーセントは、期待感と記憶に関連し（過去の感覚体験の残留効果）、残りの五〇パーセントは、購入時の直接体験（その瞬間にはたらいた五感の効果）に関連しているという。

私はこれを、ハロー効果と呼んでいる。私がここで言うハロー効果とは、いわゆる「後光効果」の意味ではない。体験や経験とは、実際に経験する前に感じる期待感、実際の体験や経験、そして経験の記憶というパーツを連ねたものだということ、そしてその一連の流れが、次の新しい経験につながる、ということだ。

レストランで食事を心から楽しんでいる時のことを想像してみてもらいたい。実際に食事をしている時間は楽しいが、家に帰り、翌日にその食事風景を思い返すことも、近いうちに再びそのレストランを訪れようと思うことも、体験の一部なのだ。

ジェットコースターでも、同じことが言える。乗るスリルだけではなく、スリルを想起させる事柄（家族や友人と遊園地にいること、トラック上を急上昇・急降下する時の感覚）も、体験を有意義なものにする材料なのだ。

二〇一八年、私のフランスでのバカンスは、最悪の思い出となってもおかしくなかった。ジョン・F・ケネディ国際空港にできた長蛇の列。窮屈な機内での長時間のフライト。スーツケースの大移動。おまけに、多額の費用がかかった。

それにもかかわらず、思い出されるのは、プロヴァンスの果てしなく広がる紫のラベンダー畑、すばらしい食事、パリでの友人との買い物、そして何より、初めてフランスを訪れたティーンエイジャーのわが娘との絆《きずな》、といったことばかりだ。

「また訪れたい」と思わせるディズニーの仕掛け

ディズニー・ワールドで過ごす家族との休暇もまた、消費者が感じる喜びについて洞察を得るのによい例だ。

テーマパークにいるという体験そのものは楽しいものだが、それを損なう要因もあるだろう。フロリダという土地特有の堪えがたいほどの暑さと湿気。ピークの時間帯、人気アトラクションにできる長蛇の列。敷地内での食事にかかる多額の費用。しかし、ディズニー旅行の思い出を語る時、たいがいの人は、子どもの笑顔、ミッキーとハグした時の興奮、王国内を歩くプリンセスの美しさ、そしてカラフルで楽しいエンターテイメントの数々を即座に思い出す。そして、また行こう、と思うのだ。

次のディズニー旅行の準備をしながら、最新のアトラクションや新キャラクターに出会うチャンスに胸をときめかす。思い出すのは、前回訪れた時に味わった喜びや楽しさばかりであって、オーランドの厳暑や、気が遠くなるほど退屈な待ち時間ではない。

ディズニー・ワールドは、まさに魅惑的で魔法のような、**あらゆる感覚を刺激する没入型の体験**を提供してくれる。ちょっとした品物（おみやげ）も、夢の体験を長く心に留《とど》め、負の記憶を風化させるものとなっている(7)。

こうした体験ができるのは、ディズニー・ワールドに限った話ではない。見て、触れて、耳を傾けて、味わって、匂いを感じた時、その体験が親しみ深く、自分だけの特別なものになる。その、個人的な特別なものにこそ、価値があるのだ。

ディズニー・ワールドから私たちが学べる教訓は山ほどある。ディズニーは来園者を「ゲスト」と呼び、ゲストがディズニーというブランドを堪能《たんのう》し、多くのことを存分に体験し、親密で凝縮された時間が過ごせるように、夢のような世界を丹念につくり上げた。

先ほどの石鹼の話に戻るが、かのメーカーは一瞬で魅惑的な体験ができるようにパッケージングに工夫を凝らすことで、競合製品に差をつけ、消費者の支持を（もしかすると永遠に）勝ち取った。つまり、この石鹸メーカーはディズニーと同様に、**人の感動を呼び起こすことに成功した**のだ。

私の場合、日常的な食料品店での買い物で、楽しかった旅行の思い出が蘇り、すばらしい香りや美しい色を思い出し、この製品を使えば思い出の中にいるかのようなリラックス体験が得られるだろうという期待が生まれた。再び石鹸を買う時には、そのちょっとした瞬間が蘇り、再び体験を積み重ねていく楽しみを想像させる。こうしたことを考えれば、石鹸二個で十ドルというのは、さほど高額でないように思えた。

残念ながら、ハロー効果は様々なビジネスにおいて、たびたび誤解されている。なぜならば、企業は、消費者の体験を期待、実際の体験、記憶という一貫した流れで考えないからだ。

例えば、たいていの衣料品店やブティックは魅力的な店頭ディスプレイで、思わず店内に足を踏み入れたくなる。そして、私を温かく迎えてくれ、販売員は親身に応対してくれる。ところが、レジで代金を支払う時に苛立《いらだ》ちを感じることがしばしばある。高級百貨店であっても、店を出る時に、機械的で冷淡な対応をされたり、不快な印象を受けることもある。

小売店は特に、買い物という体験をもっと楽しく、刺激的で記憶に残るようなものにするよう、工夫や努力をするべきだろう。

昔からの小売店がすたれつつあるとすれば、それはそうした店での購入体験が型どおりだったり、へたをすると、全く印象に残らなかったりするからだ。

では、どうすれば、買い物客によりよい印象を、そしてできることなら、ぜひまた来店したいと思ってもらえるような好印象を与えることができるのだろうか？

まず、小売店のスタッフは、客を来店時に迎えたように、温かく見送るべきだろう。手書きの手紙を得意客に送り、気配りや感謝を表わしてもいい。些細《ささい》なことのように思えるが、手紙の効果を過小評価してはならない。

テキサス大学で行なわれたある研究では、お礼の手紙を受け取った人たちは「感激」し「感動」したことがわかった[8]。この結果は、研究者の予想をはるかに超えるものだった。手紙を書く側は、書くのに平均して五分を費やしただけなのに。

小売店は、買い物をしてくれた人に**小さなプレゼント**を手渡すこともできるだろう。理想はフレグランスのサンプル、ポプリ、お菓子など、小さなオリジナルの非売品だ。また、買い物客に**名前で呼びかけ、お礼を述べる**のも効果的だろう（支払いの際にクレジットカードを見れば名前はわかる）。もちろん、再来店するまで顧客の名前を覚えておくことだ。いずれもいたってシンプルで安上がりな方法である。

また、複数の荷物を持っている顧客に、**手助け**を申し出てみてはどうだろうか。例えば、お車までお持ちいたしましょうと提案してみる。私はそのような申し出を断るが、それでも好印象となって記憶に残っている。

ショップのバッグは、美しく、丁寧《ていねい》にデザインされたものを使用してほしい。ほんのわずかなデザインコストを追加するだけで、ショップのバッグが「記念」として残るものになり、顧客は取っておいたり再利用したりするだろう。私は、百貨店の袋（と安っぽい箱）は直ちにリサイクル用のゴミ箱に入れるが、ティファニーやエルメスの袋や箱は取っておく。

一九五〇年代に、エスティローダーは、顧客一人ひとりに合わせた販売戦略を開発・実践した。その多くは、今もなお効果的だ。例えば、エスティローダーのカウンターに行って、あるモイスチャライザーについて尋ねれば、販売員はまるでマッサージをしているかのようにその製品を手に塗り込んでくれる。顧客はリラックスした雰囲気の中で、心地よいリラクゼーションを味わえる。**どうしてその製品を買わずにいられようか？**

「長続きする感動」を人に与えたいなら

バイト・ビューティは、ニューヨーク、ロサンゼルス、サンフランシスコ、トロントでリップスティック専門ブランドを展開している。「リップ・ラボ」と称される店舗は、清潔で、研究室のようだが、それでもなおファッショナブルで落ち着いた趣《おもむき》がある。顧客は、光沢のある長いカウンターに向かって椅子《いす》に腰かけて、自分に合う色を専門の技術を持ったスタッフの力を借りながらつくる。

口紅を購入するプロセスが、スタッフとのコラボレーションであり、カスタム・メイドの特別なものなのだ。多くの「購買体験」——大型店舗で対応してもらえないとか、訓練が行き届いていない無愛想なスタッフに無視されていると感じる——などとは対照的だ。

販売員は、顧客をお金を落としてくれる人と見るのではなく、顧客その人に純粋な関心を寄せる。そのような配慮あるサービスを、多くの販売員は再び心がけるべきだろう。

「これからの小売業におけるテクノロジーは、人に取って代わったり、人の生産性を高めたりするものではない。むしろ、取り引きを簡易化し、機械では決して置き換えられないこと——つまり、対話による交流を、より活性化させるものになる」[9]と、サービスデザインなどを手がけるピーター・マーホルツは言う。

そうした交流や人と人とのつながりを促すには、感覚や感情に訴えることだ。バイト・ビューティは、大衆向けのベーシックで日常的な化粧品を、創造的でインタラクティブな（対話型の）体験にまで高めた。そこに店舗のデザインや照明、雰囲気、スタッフの力も大きく貢献しているのは言うまでもない。

独自の販売手法を生かした、別の例を挙げよう。

私は**ジョー・マローン**のフレグランスストアで買い物をするのが特に好きだ。それは、その体験が五感を刺激してくれ、しかもあらゆるものが、特別で「私のためだけ」と感じさせるようにつくられているからだ。

スタッフはしっかりとしたトレーニングを受けていて、ジョーの香りについての豊富な知識を、惜しみなく顧客に提供する。店を訪れた人は、ありとあらゆる香水を好きなだけ試し、香りを比較するよう勧められる。

しかし、ジョー・マローンでのショップ体験の中で最も興奮するのは、実際に購入する瞬間だ。丁寧に包まれた商品はギフトのようだ。店員はレジカウンターで商品を恭《うやうや》しく箱に収め、厚手でしっかりした生地《きじ》のグログランリボンを掛け、豪華なショッピングバッグに入れ、華麗な仕草で手渡してくれる。その感動は、家に帰り、「ギフト」の包みを解き、ドレッサーや棚の上に誇らしげに置くまで続くのだ。

残念なことに、小売店は、購入体験の最終段階にはさほど気を配らない。アマゾン、ウェイフェアといった、インターネット通販サイトを競合相手とする時、人々が実店舗に足を運ぶ理由をつくることこそが、敵の進軍に対する唯一の防衛手段なのに、だ。小売店では顧客の人間性に働きかけることが、販売そのものよりも大事なのだ。

それでは、このような信条を持って接すれば、顧客は多量に購入してくれるだろうか？　残念ながら、そうではないかもしれない。しかし、私は、自分を助けてくれた思いやりのある人や、心のこもったパッケージや、モイスチャライザーを塗ってもらった時の安らぎを思い出した時、再びその店に戻り、買い物をしたくなる。

それこそが、小売販売における、美的体験のハロー効果なのだ。

あえて「悪趣味」「奇抜」を狙う効果

美意識を感じた時に得られる喜びは、必ずしも標準的な美の基準からのみ生まれるわけではない。実は、醜《みにく》い、怖いなどの不快な経験からも、しばしば生まれるのだ。

フランスには「jolie laide（ジョリー・レイド）」という言葉がある。「pretty-ugly（プリティ・アグリー）」、魅力的な醜さという意味だ。この言葉は、標準的な美の基準からのみ喜びが得られるわけではないという考えを最もよく捉えている。

人は、嫌悪感を抱かせるものに惹かれる。むろん、いつもそうとは限らないが、なぜ人は、不快感を与えるもの――例えば、ヘヴィメタル・バンドのアンスラックス、ホラー映画の『エクソシスト』、オーストラリアにあるテーマパーク、ドリームワールドのジェットコースター「タワー・オブ・テラー」など――からも喜びを覚えたり感化されたりするのだろうか。ファッションにおいてさえも、不快感を抱かせるものから刺激を受け、心を動かされることがある。

ドイツ人デザイナーの**フィリップ・プレイン**は、悪趣味を大きなビジネスに育てた。(10) ドクロが描かれたドレスやスポーツウエア、ド派手な大輪の花をプリントしたブラックサテン、鋲《びょう》やラインストーン、テディベア、ドル紙幣の画像、風変わりな裾《すそ》、奇抜なシルエット。

プレインは、過剰なデザインで、ファッションにおける先端的スタイルの限界を押し広げている。その結果、プレインには強力なファン層もいれば、激しく中傷する人もいる。ところが、実は、人々の皮肉や中傷が、ファンの忠誠心をよりいっそう高め、プレインの原動力となる。プレインを遠ざける人がいるおかげで、いっそう惹かれる人がいるのだ。(11)

好奇心があふれる世の中で、彼の一大帝国は拡大を続けている。いずれにしても目下、アグリービジネス（醜さに価値を置くビジネス）は好調だろう。(12)

グッチの「アグリー・ファッション」が問いかけたこと

「アグリー・ファッション」を取り入れた**グッチ**の近年の成功からも、学べることは多い。**アレッサンドロ・ミケーレ**は、二〇一五年にグッチのクリエイティブ・デザイナーに就任、プリントやパターン、グラフィックスへの斬新《ざんしん》で異端《いたん》とも思えるアプローチで、業界に新風を吹き込んだ。

奇抜で驚異的なパターンや色彩、そして「ギークシック（オタク風の粋《いき》さ）」への独特なアプローチは、純粋主義者には滑稽《こっけい》で悪趣味に思えるかもしれない。しかし、ミケーレのデザインはヨーロピアン・ラグジュアリーの新しい道を切り開き、型破りなやり方で自分自身を表現してもよいのだ、と多くの人を勇気づけた。

ミケーレは、無味乾燥で、四角四面になったハイファッションを、再び、粋でクリエイティブなものにした。彼の基本理念は、**「モア・イズ・モア（More is more）」**、つまり、色も模様も生地も、もっと、さらにもっと、ということだ。

ミケーレのデザインは奇矯《ききょう》であればあるほど、その味が増す。というのも、彼のデザインは**ありとあらゆる方法で感覚を刺激することにより、人々とつながっている**からだ。

彼のデザインの一部は、私たちが「もっとシンプルな時代だった」とイメージする六〇年代、七〇年代、さらには八〇年代のレトロな雰囲気を醸し出している。私たちは、たとえその時代を知らなくとも（特にグッチの若い顧客などは）、ロマンチックに表現された過去に幸せや安心感を覚えるのだ。

ミケーレの精神は、人気を博したスニーカー、色彩豊かなニット、犬モチーフのシリーズ〈靴、ハンドバッグ、財布、バックパック、セーター、デニムパンツ、フーディー〈フード付きのスウェット〉、ボマージャケット、スカーフ、宝飾品〉など、多くのグッチ製品に体現されている。

話題を集めた子犬のモチーフは、アーティストであるヘレン・ダウニー（別称「アンスキルド・ワーカー（未熟練労働者）」）から着想を得たものだ。ダウニーは、ミケーレの飼い犬であるボスコとオルソという二頭のボストン・テリアの画像をデザインしたクッションを、彼に贈っていた。他のアーティストから得たインスピレーションを、独自のスタイルに置き換え、人々が驚きや喜びを覚えるような消費財をつくる——これこそがミケーレの真骨頂だ。

しかし、ファッション界における、「美」というものに対する普遍的な概念とは何だろう。ミケーレのデザインは、普遍的な美を感じさせるものだろうか？　答えはノーだ。彼のデザインは私たちをたびたび当惑させ、私たちに挑んでいる。

そこに「チャームポイント、ひねり」はあるか？

「アグリー・ファッション」が魅力的であり得るのは、**その醜さが人の感性に訴えるような質**

（チャームポイント、ひねりなど）を持つ時だ。悪意、無神経といった、本当に醜悪な性質を持つ時には、たとえそれが意図的ではないとしても、ただ醜いだけなのだ。

犬でいうなら、ちょっと間の抜けたようなパグと、殺気立って低く唸《うな》るピットブルの違いのようなものだ。パグはよだれを垂らしていても愛らしく、ピットブルは恐ろしいと思う人が多いだろう。

グッチがブラックフェイスのセーターを巡って犯した大失態が無神経な醜さの好例だ。二〇一九年二月、グッチは八百九十ドルの黒いセーターの回収に踏み切った。口元まで引き上げられるタートルネック部分に赤い唇のような穴を編み込んだそのデザインが、人種差別的であると非難されたためだ。グッチがデザインおよびマーケティングのメンバーに多様な人種を採用していたなら、そのセーターは生産に入る前に、不適切だとして止められていたはずだ、と指摘された(13)。

これでグッチの信頼が失墜《しっつい》するとは思わない（最新ファッションに敏感な人たちは、ほどなく忘れてしまうだろう）が、批判は戒《いまし》めになるだろう。

グッチは、時代の先端をいく若いバイヤーやファッションリーダーに支えられ、この業界で存在感を確立した。その中には、先鋭的で洗練されたストリートファッションを好むアフリカ系アメリカ人も多くいる。それゆえに、例のかなり異色ともいえるデザインのセーターを発売することへの反発は、なおさら激しかった。

しかし、グッチは、同様に人種差別的であると批判を受けた競合相手（例えばドルチェ&ガッバーナ⒁、プラダ⒂など）よりも、ずっと謙虚に、真摯《しんし》に批判を受け止め、適切に対処した。製品を回収し、公式に謝罪を表明し、デザインスタッフにもっと多様な人種のメンバーを加えることを言明した。そうして、アフリカ系アメリカ人でハーレム出身の伝説的なテイラー、ダッパー・ダンとそのコミュニティの有力者たちに接触し、こうした過ちを回避できるようにするための、協力を求めた。

つながりは、失われやすい。だからこそ、常に変わり続ける多様な文化と人々への細やかな配慮が欠かせないのだ。

シャネルの「インビジブル・デザイン」とは何か

業界内でも最高クラスの企業は、人知れず、五感にインパクトをもたらす体験を提供している。私は、こうした体験を「インビジブル・デザイン」（目に見えないデザイン）と呼んでいる。それは、一見するとわかりにくいが、決して価値がないとか、重要ではないということではない。

例を挙げよう。リップスティックは、どれも同じ原料からつくられている。それなのに、なぜ多くの女性は高級百貨店で、シャネルのルージュ・アリュール・ヴェルヴェット（三十七ドル）を買うのか。ウォルマートが販売するレブロンのスーパー・ラストラス・リップスティック（チェリー色、約六ドル）よりも六倍ほど高い。

シャネルのリップスティックはつけ心地がいいから、長持ちするから、などと女性たちはあれこれ理由を挙げるかもしれないが、本当のところは、**高価なリップスティックを使っていることに喜びを感じ、美意識とプライドが満たされている**のだ。材料であるワックスの質は同じだし、赤の色調にもそう違いはないのだから。

おそらく、シャネルのリップスティックケースも、ユーザーの「使う喜び」を増す要素だろう。筒型ケースは重みがあり、メタリックゴールドが輝いている。キャップに刻印されたダブルCのロゴも優雅だ。シャネルのリップスティックを購入すること自体すらも、エレガントで、ハイレベルで、楽しいものなのだ。薄暗いドラッグストアで、不正開封防止機能付きのパッケージを陳列棚から取り、精算するためにイライラしながらレジの前で待つのとは全く違う。

レブロンにも、販売店であるドラッグストアにも、ぜひとも言っておきたい。どのようにすれば生産コストや小売価格を必ずしも上げることなく製品の美的価値を上げ、売り上げを伸ばすことができるのか、シャネルから学べることは多い。

レブロンは、一個あたり数セントを投資すれば、さえないパッケージデザインを一新し、リップスティックを小さなボックスに収めることができる。そんなふうに少し変えるだけで、製品はちょっとしたギフトにもできるような高級感が出るだろう（化粧品に関しては、自分へのご褒美として購入するケースが多いことを考慮すべきだ）。リップスティックのワックス部分に自社名やロゴを彫り込むこともできる。このデザインのおかげで、シャネルのユーザーは使用時に、ブランドをより強く意識する。

レブロンはまた、広告のキャッチコピーも検討し直したほうがいいだろう。現状では機能性（「ワックスフリー・ジェル・テクノロジー」）を重視し、ありふれた、あか抜けない表現（「Love at first swipe（一度使うと虜《とりこ》になる）」）を使っている。残念ながら、シャネルの広告にあるような、目にすれば誘惑されそうな刺激はないし、パワフルさや独自性も感じられない。

「夢が見られるもの」を提供しているか

販売促進という観点から言えば、レブロンは製品を、カテゴリー（リップスティック、マスカラ）ではなく、コレクション（カラーステイ、フォトレディ）、あるいはスタイル（スモーキーアイ、サルトリーロッカー）ごとに紹介することができるだろう。そうすれば顧客は、単品を（問題解決のために）購入するのではなく、季節限定のセットやトータル・コーディネイトされたセットを購入するようになる。そして何よりも、顧客に夢を与えることができるだろう。

メイクアップにおいては、消費者は「体験」を買う。つまり、一式の製品を揃えることで、「自分だけのためにカスタマイズされた」と思える体験を味わいたいのだ。

これらをうまくやってのけたのが、ネイル・エナメルのブランド、**エッシー**だ。エッシーの製品もレブロン同様、量販市場でシャネルのエナメルの何分の一かの価格で販売されている（大型スーパーでは四ドルほどから。これに対し、シャネルのヴェルニは高級百貨店にて二十八ドルで販売されている)。

エッシーが飛躍したきっかけは、そのボトルの象徴的なデザインだ。これによりボトルの中の色調がはっきりとわかる。中身の色を隠したり損ねたりしがちなラベルを貼《は》る代わりに、エッシーというブランド名をガラス製のボトルに刻んでいる。

しかし、最も優れているのは、各カラーの象徴的なネーミングだ(例えば、ライトピンクは「バレエシューズ」、ブライトレッドは「サイズマターズ(ボリュームが肝心)」と名づけられている)。エッシーは、それぞれの色の個性をその特徴からフィーリングに至るまで、ネーミングで表わし、ブランド価値と魅力的な体験をつくり出しているのだ。

舌が「おいしい」と感じる音と形がある

料理の味を感じる「味覚」については、他の四つの感覚と比べて論じられることは少ない。しかしながら、飲食に携わるすべての人にとって、味覚を取り巻く感覚に敏感になることは必須である。せっかく新鮮で、最高品質の食材でつくられた製品であっても、他の四つの感覚に関係する要因によってスナックもカクテルも台無しになってしまうこともあるからだ。

わかりやすく説明するために、グラス一杯のワインを例として挙げよう。ワインは、グラスが薄ければ薄いほどおいしく感じられる。知ったかぶりをして言っているのではない。科学で証明されていることだ。研究によると、グラスの形や薄さによって、ワインから立ち昇る蒸気は異なり、これが味わいを左右する。[16]

シャンパーニュは、細長くて背の高いフルートグラスで味わう時が最もおいしく、従来型の（それでも魅力的な）クープグラスに注げば泡がすっと消えてしまうと世間一般では考えられている。しかし実際には、よいシャンパーニュを堪能できるのは、ほっそりした薄手の白ワイングラスだ。上質のシャンパーニュをフルートグラスやクープグラスで出すレストランは、実のところ、ワイン体験を損なっている。

「フルートグラスならワインの泡が力強く高く立ち上がるのです。シャンパーニュが愛される理由は、その泡なのですから」

と話すのは、クリュッグ、モエ・エ・シャンドン、ヴーヴ・クリコなどの世界的な最高級シャンパーニュ・ブランドを統括する**モエ・ヘネシー**のプライベートクライアント・ディレクター、セス・ボックスだ。ところが、フルートグラスに入ったシャンパーニュでは、ワインを味わう醍醐《だいご》味《み》の一つであるその香りを味わえない。「確かに、細いフルートグラスに鼻を入れることはできませんよね」とボックスは語る。

ワイングラスと「ワインの味」

世界一の料理大学と呼ばれるカリナリー・インスティテュート・オブ・アメリカ（ニューヨーク州ハイドパーク所在）の教授でワイン研究が専門のスティーブン・コルパンが、友人とともにあるレストランに出かけた時のことだ。食事と一緒に楽しむためにコルパンが持参したワインを、レストランのオーナーは快く受け入れ、プロならではのマナーで給仕してくれた。

「ワイングラスがテーブルに運ばれてきたのですが、それがひどかったんですよ。厚くて風船のような形だったのですから。白ワインなら酸《す》っぱくなるし、赤ワインなら苦くなります。そんなグラスでは、どんなワインでも『フィニッシュ』（切れ味、のどごし）が悪くなる、つまり、うっとりするような後味が得られなくなり、すばらしいワインを味わうことができません。がっかりしました。上質のワインなのに、ひどいグラスで飲むと、ひどい味がしました。丹念につくられた料理を引き立てるというワインの役目を、全く果たしていないんです。よい食事体験を期待した私にとっても、よいものを提供しようと努めてくれたレストランのスタッフにとっても、非常に残念な結果となりました⑰」


この後コルパンは、この理論を検証するために自宅でテイスティングを行なうことにした。「ゼリーグラス」から、一般的なテイスティング用グラス、リーデル社製の極薄でボウル形のワイングラスに至るまで、いくつものグラスを揃えた。友人たちは、薄くて繊細なグラスで味わうワインは「流れている」ようだが、さらに味わい深く感じたのは、最も薄いグラスで飲んだ時だと感じた。

「極薄のワイングラスでは、味わいとアロマの複雑さが増し、バランスが最もうまくとれていました。驚くほど違いは明白でしたよ。すばらしいワインでもゼリーグラスに注ぐと安ワインのような味がするし、理想的なグラスに注げば、堂々たる味わいが楽しめます」

ワイングラスを変えただけで、ワインの味わいは目覚ましく変わり、「**それが同じワインであるとは信じられない人もいる**くらいです」とコルパンは言う。[18]

レストランにとっては、売上高を上げ、グラスの耐久性を高めることは大きな関心事だろうが、それぞれのワインに適切なワイングラスを使用し、顧客によいダイニング体験を提供すれば、その二つを両立させることができる。

例えば、前述したデル・フリスコスは、二〇一七年十月にワイングラスを変更し、ダイニング体験の質を高めた。ステーキ・レストランの顧客は特に赤ワインに詳しいため、客の期待に応えるグラスを用意したのだ。

「私たちは、コクがあるフルボディの赤ワインを中心にワインリストに載せています。ワイン体験の質を高めるために、顧客の期待に沿うもの、かつ多忙なレストランのニーズに応えるものであることが必要です」

そう語るのは、デル・フリスコス飲料部門の前ディレクター、ジェシカ・ノリスだ。

「私たちの採用しているシュピゲラウ社製のソワレは、多目的グラスで、何にでもよく合いますし、クリスタルで丈夫、そしてエレガントです」

これらはテーブルの上にすでにセットしてあり、グラスワインの注文を受けた時に使用する。

「ボトルワインの注文があれば、グラスをグレードアップし、シュピゲラウのビバリーヒルズのグラスでサーブします。五百ドル以上のボトルワインを注文したお客様には、リーデルのソムリエシリーズを使用します[19]」

このように提供するワインによってグラスを変えたことで、レストランでのワインの売り上げ上昇につながっている。

五感の相互作用に関しては、他にも示唆《しさ》に富む例がある。**機内食の味**がそれだ。機内食は味気なく、おいしくないと思う人は多いだろう。

私たちの脳は、五感からのあらゆる情報を組み合わせるように配線されており、音は味に影響を与えることがある。研究によると、与圧室の中にいる時、すべての食べ物（パスタからワインに至るまで）の風味、あるいは私たちの知覚能力は急速に落ちるという。これには、気圧の低下、湿度の低下、背景雑音から受ける、いくつかの生物学的な理由がある、とオックスフォード大学の実験心理学教授、チャールズ・スペンスは語る。

アメリカン航空の機内食サービスディレクター、ラス・ブラウンによれば、味覚や嗅覚は、三〇〇〇〇フィート（約九一四〇メートル）上空で真っ先に消えてしまう。風味の知覚は、この二つの感覚の組み合わせで行なわれ、与圧室の中にいると塩味と甘味を通常の三〇パーセントも感じにくくなるという。しかし、飛行機の中で影響を受けるのは味蕾《みらい》だけではない。「舌で味わっている」と感じているうちの八〇パーセントを、実際のところは匂いとして感知しているのだ。そのため、乾燥した機内では、匂いを感じるのに必要な**鼻粘液**が蒸発し、嗅覚受容体が障害を起こしやすいため、実際の半分ほどしか食べ物の味を感じられないという[20]。

味覚とその他の感覚器官との相互作用についての興味深い研究は、他にもある。例えば、特定の味覚は音の高低と関連しており、音の高低によって味の認識に影響を与えることができる、というものだ。具体的には、甘味や酸味は高音に、苦味やうま味は低音に関連しているという。また、ピアノや弦楽器の音は甘味やいい香りに関連し、強烈な音、金管楽器や木管楽器の音は苦味や酸味に関連するそうだ。この研究グループによれば、苦味、あるいは甘味をより感じやすくするよう設計されたサウンドトラックは、食べ物の甘味を感知するのに影響を与えるという。背景の雑音が味覚の感知にどう影響を及ぼすかについては証明されていないが、おそらく、どのような種類の食べ物か、好きな食べ物か、あるいは雑音の性質や、音の高低といったことに左右されるだろう[21]。

九割の人に「心地よい」と感じてもらう音の効果

音が人の感覚に及ぼす影響は、主に四つある。

一つ目は**生理面への影響**。私たちはサイレンや人が争う音、犬が唸る声を耳にすると、闘争・逃走反応を起こす。静かな海の波音や鳥のさえずりを耳にすれば安心して気持ちが落ち着き、心拍数が下がる（しかし鳥のさえずりが止まると不安になってくる）。

二つ目は**心理的な影響**だ。音楽は感情に影響を及ぼす。悲しげな音楽を聴けば憂鬱《ゆううつ》になるし、アップテンポの曲を聴けば楽しくなる。自然界の音も感情を左右する。鳥のさえずりは私たちに喜びや心の安らぎをもたらす。

三つ目は、**私たちの認識への影響**だ。例えば、周囲の会話が聞こえてくる、壁や間仕切りのないオフィスで働く人たちは、個別の静かなオフィスで働く人たちに比べて生産性が六六パーセント劣る。間仕切りのないオフィスはハイテクバブルの時代に人気となり、今でもそれを採用している企業もあるが、あまりお勧めできない。

四つ目は私たちの**行動への影響**だ。運転中にテンポの速い曲を聴いていると、思わずアクセルを踏み込みすぎてしまうこともあるだろう。パッヘルベルの『カノン』を聴いていれば、時速八〇キロの速度制限区域で、気がつけば時速七〇キロで車を走らせているかもしれない。

音は、食べ物の選択・決定をも左右する。人は、騒々しい音楽が流れる場所では多糖・高カロリーのスナックやジャンクフードを、そして穏やかで心地よい音楽の流れているところでは、健康的な食べ物を選択する傾向にある、という研究報告がある。

「人は、大音量の音楽から受ける刺激によって興奮し、心の落ち着きを失い、その時の気分に任せた選択をしがちになる」と言うのは、サウス・フロリダ大学経営学部の教授、ディパヤン・ビスワスだ。「静かな音楽を聴くと、リラックスして注意深くなる。そして長い目で見て、自らのためになることを選択する傾向にある[22]」

言うまでもないが、人は通常、不快な音（街中の歩道側の工事現場から聞こえる大きな音など）を避けたがり、快い音（アイスクリームの移動販売車から聞こえるチリンチリンという音

など）に惹きつけられる。もし店内で不快な音が聞こえたら、三〇パーセントほどの人は立ち去るだろう。(23)

スーパーマーケットは、来店客の歩く速度を落とし、できるだけ店内で長い時間を過ごして多くを購入してもらうために、耳に心地よいBGMを流すことが多い。アップテンポの音楽は、人の出入りの多いレストランで、客とスタッフの動作を速めて回転率を上げるために使われることが多いが、ビートが耳に障れば、来店客は踵《きびす》を返し、他店へと足を向けるかもしれない。

クラシックなフレンチレストランは、BGMにエディット・ピアフのシャンソンを流せば、それらしいムードをつくることができるだろう。ただし、音量が大きすぎて、パートナーとの会話を楽しむことができなければ、次の食事は、フランク・シナトラの歌声がしっとりと流れる、数軒先のイタリアン・レストランとなるに違いない。

音楽を大音量で鳴らす衣料品店は、服を見る喜び、試着する楽しみを理解しておらず、自らと来店客にあだをなすことになるだろう。

柔らかいところに訴えかける「感覚マーケティング」とは

五感の各器官から得られる感覚や知覚は、瞬《またた》く間に消え去っていくものだが、そこから生じる感情は長く続くものだ。したがって、マーケティング担当者は、顧客が消費体験の際にどのような感覚を抱くかに最大の注意を払わねばならない。人々の感覚や気持ちにどのように訴えかけるかを考える時には、**すべてのこと**が大切になってくる。顧客との感覚的な絆は、説得力のあるものでなければならない。型どおりの感じよさである必要はないが、そうかといってあからさまに不快なものでは困る。

胃が浮くようなジェットコースター、グッチが提唱する「アグリー・ファッション」、耳障りなヘヴィメタルには熱狂的なファンがいる。そうしたものを提供している彼らはコアな支持者層を理解し、どうすれば支持者たちに強力な刺激を与えられるかを熟知しているのだ。たとえ、それらの刺激を好まない人がいるとしても、だ。

百貨店の女性販売員が、顧客が望んでいようといまいと香水を振りかけるのは、「不快なこと」の典型的な例だろう。その香りが好きな人も、そうでない人もいる。にもかかわらず、そんなふうに押しつけられたら、買い物客にとっては不愉快な体験でしかない。

今では、百貨店での香水の販売手法はすっかり変わった。望まない相手に香水を振りかけることは、相手への攻撃になることを販売側が理解したからだ[24]。そこで多くの販売店では香りの好みを顧客に尋ねてから、それぞれに合いそうなフレグランスを試してもらうように販売員を指導している。

ロールス・ロイスに期待される「贅沢な新車の香り」

ロールス・ロイス社は、モデル改良を行ない、内装の一部を木材から革張りのプラスチックに切り替えた時、「匂い」が企業の利益に影響することに気づいた。顧客は、プラスチックが放つ匂いを好まなかったのだ。内装の一部を切り替えたことで、顧客がロールス・ロイス社に期待していた**贅沢な「新車の匂い」**は失われていた。売り上げは減少した。

売り上げの減少に直面したロールス・ロイス社は賢明にも、新モデルの何が不満なのか顧客に尋ねた。すると、旧モデルは「かぐわしい木の香り」がしたが、新モデルは製造に使用されたプラスチックの匂いがする、という答えが返ってきた。これは、売り上げが落ち込んだ要因の一つにすぎないが（軽量な材質を使用したため、ウィンドウとダッシュボードのスイッチがあまり頑丈でないとも感じられた）、非常に重要なものだった。

消費者の製品に対する期待はすべて、その製品を感覚的にどう受け止めているかに関係している。ロールス・ロイス社はその問題の解決にあたり、嗅覚の専門家を雇い、一九六五年製のシルヴァークラウドの香りをモデルとして旧車種の木の香りを真似た匂いの香料を開発し、製造後の新車内装に塗布した。[25]

スターバックスもまた、**香りが利益に結びつく**ことに気づいた企業で、ロールス・ロイス社と同じく、失敗から学んだ。二〇〇八年に常連客の売り上げが落ちたが、その原因は、朝食向けに販売したサンドウィッチが発する匂いだった。それが、忠誠心のある顧客をうんざりさせたのだ。

ファンが期待し、満喫していたコーヒーの香りが損なわれ、結果的にスターバックスでの体験そのものの価値も損なわれた。[26]スターバックスはサンドウィッチの販売を一旦《いったん》中止して調理方法を改善し、不快な匂いを発しないサンドウィッチを開発した。

匂いは文化と関わりがある。それゆえ、企業は、顧客の嗅覚に訴える場合には、誰が、どのような匂いを期待するのかを考慮すべきだ。

アメリカ人の場合、「清潔」な匂いで連想するのは洗濯洗剤のタイド（P&G社のロングセラー製品）だ、とオリヴィア・ジェズラーは言う。ジェズラーは匂いのエキスパートであり、香りに関する科学・心理学・デザインを手がける企業、フューチャー・オブ・スメルの創立者だ[27]。

ジェズラーによれば、中国やインドでは、清潔な匂いに対する概念が、アメリカとは全く異なるという。中国では薬草療法を用いる伝統医学、そしてインドではアーユルヴェーダ療法が、清潔感のイメージにつながっているという。これらの国の人たちにとっては、「清潔」な匂いとは、薬草のような、土に近い匂いを放つものだ。これに対し、アメリカ人は、花のような香りを連想する傾向にある。

ナイキの「五感を刺激する」すごいビジョン

本書では、この先もたびたび五感について言及する。というのも、ビジネスにおけるあらゆる問題を解決するには、五感の各器官から得られる感覚や知覚が欠かせないからだ。感覚や知覚に敏感になることは、何がビジネスの成否を決定するかを理解することの一部だ。

成功を収めるために、それぞれの企業は緻密《ちみつ》かつ入念に、自社のバリュー・ポジション（顧客に求められているが、競合他社は提供できない、自社だけが提供できる強み）を下支えする独自の見解を明らかにすること。そして、その着想や創意工夫を、顧客の感覚に訴えるように伝える術《すべ》を探し出すことだ。

まさしくそのことに成功しているのが、世界的企業である**ナイキ**のビジョンだ。ナイキの精神は、躍動感のあるロゴや「Just Do It」というスローガンだけではなく、履けば花形アスリートのような気分が味わえるワッフルソールなどの独自のテクノロジーにも表われている。

また、**リステリン**は、ミントのような清涼感、医薬品のような風味、口腔《こうくう》内での強い刺激、透き通ったアクアブルーの色が、口臭を予防してくれるという安心感を提供している。ミントやミントオイルは昔から「息を爽やかにする」と考えられてきたが、リステリンはその認識をもとに「清潔感」をアピールする。[28] 実際、リステリンには効果の高い四種類のミントオイル（オイカリプトール、メントール、サリチル酸メチル、チモール）が含まれているのだ。[29]

人々の感覚や知覚に訴えかけ、自身のブランドの価値を引き上げるためには、まず自社の**「ブランドコード」**とは何かを理解すること。そして、五感の各感覚をどのように使えば、その「ブランドコード」を洗練させ、消費者の関心を惹けるのかを理解することだ。

ブランドコードとは、特定のブランドの識別子《しきべつし》、つまりブランドの特異性を顕著に、視覚的に表わすものである。例えば、シャネルのキルト加工した革や『ニューヨーク・タイムズ』紙の見出しのフォントのように、ブランドの中でも、ひときわ目立つ印だ。

しかし、ブランドコードは、ブランドDNAと同じではない。ブランドDNAは、ブランドの歴史や価値観、そして社会的目標のような、目には見えない要素を含むこともある。

パワフルなコードは長い歳月をかけてつくり上げられたもので、ほぼ（あるいは永久的に）変わることはない。あなたのビジネスを特徴づけるコードは何だろうか。また、新興ブランドにおいては、何が今後、継承されていくコードとなるのか。次章では、ブランドコードについて掘り下げて考えていく。

Chapter

3

「ブランドコード」を確立せよ

……永遠の命が宿る「設計図」とは何か？

『大ワルツ』[1]と呼ばれるノキアの携帯電話の着信音のメロディーは、携帯電話の着信音としてはとてもユニークで識別しやすいものだった。

　一九九〇年代初め、スペインの作曲家フランシスコ・タルレガが一九〇二年に作曲したギター独奏曲を、フィンランド企業のノキアが編曲したメロディーは、現在、世界中で一秒におよそ二万回鳴る、利用者の多いメロディーである。[2]

『大ワルツ』は今ではさほど特別ではないが、導入当時、穏やかなアコースティックギターを着信音に使うというのは斬新な発想だった、と同社のサウンドデザインを担当したタピオ・ハカネンは、二〇一四年にインタビューで語っている。

「ノキアは企業のモットーに『Connecting People（人をつなげる）』を掲げていますが、『大ワルツ』はノキアの人間的側面を反映していました。当時はとても新鮮だったんです」

　ある意味で、ノキアトーンの大ヒットは携帯電話の持つ未知の力――携帯電話がいずれ世界中の人々をつなげ、テクノロジーの活用によって人類の進化に貢献するようになること――の前兆だった。[3]

哲学、美学を表わす「ブランドの識別子」

優れた企業は無数の構成要素の上に築かれているが、一流ブランドはほんの一握りの強力なコードに根ざして成り立っている。『大ワルツ』はノキアにとって強力な、最も重要なブランドコードの一つになったと言えるだろう。

では、**ブランドコード**とは何か？

それは、**ブランドの哲学や美学を表わす、そのブランド特有の識別子、あるいは目印**だ。

ブランドコードをブランドロゴと混同してはならないが、象徴的なロゴは多種多様なコードの一つと言える。また、ブランドコードとブランドDNAは別物である。ブランドDNAは一般的に、ブランドの歴史、価値観、社会的目的（または「使命」）などから構成され、本来、感覚的なものというよりも、本質的には概念の上に成立しているものだ。

おそらく、最も重要なことは、ブランドコードは企業の単なる「売れ筋商品」とは離れたところに超然と存在するものである、ということだ。しかし、そのコードは、意識される・されないを問わず、アイデア、記憶、そしてその製品から引き出される感情と消費者とをつないでいる。だからこそ、消費者はそのブランドの製品を買わずにはいられなくなる。

コードは目で見て、感じて、聞いて、また空間的に体験することさえできる。実際、製品の至るところにコードを見ることができる。例えば、人を動かす強い力を持ったキャッチフレーズは、「この商品を購入したい」と思わせる感情的なつながりをつくり出すだろう。

例えば、フォルジャーズ（コーヒー）の「The best part of waking up（お目覚めの最高の一杯）」、コカ・コーラの「I'd like to teach the world to sing（愛するハーモニー）」、ミャオミックス（キャットフード）の「Meow, meow, meow, meow（ミャオ、ミャオ、ミャオ、ミャオ）」。ここから思い浮かべるのは、新たな一日が始まる朝の喜び、協調とコミュニティ、愛するペットたちのかわいさや魅力だ。

コードは音としても表現される。例えばノキアトーン、グリーンジャイアント（食品加工会社のキャラクター）が発する「ホーホーホー」という声、メトロ・ゴールドウィン・メイヤー・スタジオ（映画制作会社）が使用するライオンの吠え声なども、同様に強い連想をつくり出している。

目に見える強力なコードは、ブランドの個性や所有権を示す**特定の色**であることもある。例えば、ハーバード大学のスクールカラーであるクリムゾン・レッド（紫がかった深紅）、キャドバリーチョコレートのロイヤルパープル、ヴーヴ・クリコの濃黄色などがそうだ。

エスティローダーの創立者は、スキンケア製品の容器に、家のインテリアに溶け込むように緑色がかったブルーを選んだ。そこには、クリームを棚に誇らしげに飾ってもらいたいという願いも込められていただろう。その色は、エスティローダーの存在感を強調し、ミセス・ローダーが思い描いた優雅さを醸し出している。古き時代の、東洋に対する西欧貴族の憧れさえも感じられる。今日、エスティローダーはコッパーブラウンから光沢のある白まで多様な色をパッケージに用いているが、ブランドを象徴するクリームやローションは当初のブルーのままだ。

マスコットもブランドコードとなり得る。よく知られているところでは、ドナルド・マクドナルド（マクドナルドのピエロ）、エナジャイザー・バニー（電池製造会社のウサギ）、ピルスベリーのドゥボーイ（製粉会社のパン生地の妖精）、スターキストのチャーリー・ザ・ツナ（ツナ缶会社の魚）などがある。さらには、**素材**（シャネルのツイード、リーバイスのウォッシュド・ジーンズ）や**食感**（ベン&ジェリーズのウーバーチャンキーミックス）も、**形**（フォルクスワーゲン社の初代ビートルの独特な丸いシルエット、プリングルズの円筒型の容器、イッセイミヤケのプリーツプリーズ）もコードとなる。

なぜ「アップルストア」は道行く人の視線を集めてしまうのか

空間や建築デザインもコードとなる。

その最もよい例が、**アップルストア**だろう。壁にはめ込まれたロゴのリンゴは、背面からライトアップされて浮き上がって見える。開放的な空間、地面から天井までガラス張りのファサード（街路に面する建物の正面部分）、格納庫を思わせる大きなエントランスドアは、アップルストア特有のものであり、遠くからでもすぐにそれとわかる。

これらは、アップルストアを他店と差別化するだけではなく、人々を店内に招き入れる動機づけにもなる。エントランスは全面ガラス張りなので、店の内側と外側の境界線が消え、道行く人は視線（と指）を店内にディスプレイされた製品に向けることになる。ガラス張りのストアを劇場とするならば、ディスプレイの製品はステージ上の主人公である。

興味深いことに、他店がアップルのデザインアプローチを模倣しようとすると、たいがい失敗する。真似てつくった店舗はつくりものじみていて、活気が感じられないのだ。

「一貫したサービス」が約束された安心感

パワフルで新しい発想を建築デザインに取り入れた企業に、レストランチェーンの**ハワード・ジョンソン**がある。

一九五〇年代、経営者のハワード・ディーリング・ジョンソンは、このレストラン（熱狂的なファンに「ホージョー」の愛称で呼ばれる）のために、当時としては、極めて特徴的な建築を生み出した。明るいオレンジ色の三角屋根の上にブルーの塔が空に向かってそびえるそのデザインは、疲れたドライバーの目にもすぐに飛び込んできた。ドライバーたちは、ほかほかのパンにのった網焼きソーセージ、貝類のフライ、二十八種類ものフレーバーから選べるアイスクリーム、そして濃い目のコーヒーを思い浮かべ、あそこに行けば残りの行程を乗り切るエネルギーを補給できる、と期待しただろう。

のちに、このチェーンはレストランの隣にホテルを建設し、車で各地を回る疲れたセールスマン、ステーションワゴンで「アメリカ横断の旅」をする子ども連れの家族、気分転換を求めるキャンピングカーの老夫婦などにも、休息の場を提供した。オレンジ色の三角屋根は、ドライバーや一夜の休息を求める人たちにとって、**一貫したサービスと安心感を示すコード**となったのだ。

ジョンソンは、一九二五年にレストランを創業すると、設計技師や建築業者の協力を得て、当時、拡張を続けていたハイウェイ網の沿道にレストランを次々と建設し、どの店舗でも同じ料理、同じサービス、同じ雰囲気を味わえるようにした(4)。そのため、州をまたいでも、期待どおりのものを口にでき、いつ、どこの店舗を訪れても、食べ慣れたものを食べられる安心感を与えた。

「チェーン・レストランを展開していく時には、品質管理が重要だ」とフィリップ・ラングドンは自著『Orange Roofs, Golden Arches: The Architecture of American Chain Restaurants（オレンジ色の屋根、金色のアーチ――アメリカのチェーン・レストランの建築様式）』の中で述べている。

「可能な限り店舗は均質にし、変更は最小限にされる。標準以下の店舗があると、チェーン全体の評判を損じかねない。逆に、標準を大幅に上回る場合も問題だ。顧客が他の店舗にも同様の対応を期待するからだ。均質であることが重要なのだ(5)」

アメリカの消費者が均質なサービスを重視し、ハイウェイを突き進む「アメリカ横断の旅」が盛んに行なわれた時代には、「オレンジ色の三角屋根」というコードは企業に利益をもたらした。朝から晩まで車で走り続け、多くの知らない土地を訪れた後に、わが家にいるような

（しかも掃除をしなくてよい）安心感を提供されれば喜ぶのではないか、とジョンソンは考えた。そのため、レストランは当初、ニューイングランドの教会や町役場をモデルとした切妻屋《きりづま》根、寄棟屋根《よせむね》、あるいは丸屋根だった。それがジョンソンにとっては、歓迎、安心感、昔ながらのもてなしを連想させるものだったからだ。磁器や金属でできたオレンジ色の屋根瓦《がわら》は遠くからでもドライバーの目についた(6)。

しかし、時代とともにアメリカ人の憧れの風向きは変わっていた。ハワード・ジョンソンはその変化に対応することができず、事業は衰退していった。「とうとう経営を根本的に立て直さざるを得なくなった」。ダートマス大学タック経営大学院のアンドリュー・キング教授とカナダのブリティッシュ・コロンビア大学の大学院生（当時）バルジル・バタルトグトフは、こう記している。

「歴史のあるチェーン（ハワード・ジョンソンやデイリー・クイーンなど）の多くがかろうじて生き残ってはいるものの、後発の企業（マクドナルドやバーガーキングなど）の中には、より優れたフランチャイズモデルを選び、大成功を収めたものもある(7)」

消費者は大抵、商品やサービスを「どう感じるか」に基づいて、それを購入するかどうかを決める。時とともに変化していく「顧客の願望や期待」に沿うものを提供できなければ、企業は立ち行かなくなる。その一例がハワード・ジョンソンのケースだ。企業が製品のデザインや設計のみで消費者の感情を引き出すのは極めて難しい。ブランドコードは、個々の製品を超えて、意義や価値、感情を喚起する力を提供する。人々と製品の間に、力強く、そして永続する感情的なつながりを築くことができるからこそ、コードはブランドの最も価値のある資産となる。つまり、ブランドコードとは、製品の魅力の根幹をなすものであり、経済学者が言うところの「需要」の核心部分なのだ。

エルメスのコードが喚起する「欲望」と「空想」

コードは、有機的かつ徐々に、巧まずして生まれ、進化していく。一般的には、企業の創業者の核となる信念や信条、個人的な好みから生まれてくる。ブランドコードはつくろうとしてつくれるものではなく、広範な創造・創作の過程で生まれる副産物なのだ。ブランドを成長させようとする絶えざる努力が積み重なった時、ブランドを「そのブランドたらしめる」コードが生まれる。そして、ブランドの歴史、経験、そして製品のうち、何が大切で、記憶すべきものなのかを示し続けるだろう。

本質的に、コードは私たちに強い願望、夢を見るための〝想像のあぶく〟をつくり出すものだ。

例えば、フランスの老舗高級ブランド、**エルメス**の最も有名なコードの一つは、「公爵」の馬車を描いたロゴだ。エルメスは十九世紀、パリでティエリー・エルメスが創業した。当時は馬具専門の工房で、ヨーロッパの貴族向けに、最高級の装着具や馬勒《ばろく》を製作していた。いわば、馬がエルメスの当初の顧客だった。それから二世紀を経た今、このコードは、ヨーロッパの伝統的な熟練の技、そしてノーブルでありながら淑《しと》やかな装飾品を追求する、エルメスの精神を表わしている。

通常、伝統が豊かであればあるほど、継承されたものが多ければ多いほど、コードはより強く生き続けるだろう。成熟したブランドに注目する時、読者にはこんなことを考えてみてほしい。創業者は、どんな信条や計画に基づいてビジネスを始めたのか。その信条は企業の発展の背景（すなわち時勢や時代背景など）と、どう関連していたのか。そして、時代の変遷、文化の違い、状況の変化の中で、そのコードはどのようにして価値や重要性を維持し続けられたのか、と。

アマゾンのロゴに表われたコミットメント

けれども、新興企業やスタートアップでさえも、受け継ぐ文化的遺産はあり、創業間もない企業の場合、コンテクスト（背景、文脈）の中に、その遺産を見つけられることが多い。例えば、アマゾン・ドット・コムであれば、AからZにかかるオレンジ色の矢印、ショッピングカートのアイコン、視認性に優れた書体（フルティガー）というコードは、すべて「消費者の利便性を第一に考える」というアマゾンの断固としたコミットメントを表わしている。

同様に、**アップル**も、創業は、ルイ・ヴィトンやリーバイスのように十九世紀まで遡《さかのぼ》るわけではない。同社の**伝説的な創業者スティーブ・ジョブズ**は、テクノロジーが文化や社会を新しくつくり変えようとする時代に青年時代を過ごした。

ジョブズは、「カリフォルニア・モダン」とも呼ばれるモダニズム建築が求められた時代（五〇年代、六〇年代）と場所（サンフランシスコのベイ・エリア）で育った。実際、ジョブズが育った家は、当時の著名な建築家ジョセフ・アイヒラーの住宅デザインを模して建てられ、明かりとりの窓、すっきりとしたライン、屋内と屋外の隔たりを感じさせない大きなガラスパネルを備えていた。

それから半世紀を経て、アップルの美意識が、シンプルで使いやすいというアイヒラーの美意識とよく似ていたのは驚くことではない。ジョブズの伝記の執筆者、ウォルター・アイザックソンは、「アイヒラーの建築哲学は、ジョブズが初代マッキントッシュを開発し、iPodを仕上げる際、アップルにとっての独創的ビジョンになった」と『スミソニアン』誌のインタビューの中で指摘している。(8)

ダナ・キャランが目指した「強さとセクシーさ」

DKNYの創設者であるダナ・キャランが、マンハッタンでファッションデザイナーとして活躍し始めたのは、一九八〇年代初めだった。ダナ・キャランのブランドで受け継がれていくべき文化的遺産と美意識は、その時代の、その場所における社会の動向によって生み出されたと言ってもいい。当時、金融市場は活況を呈し、女性は組織内で地位を確立し始め、洗練されていて女性らしさがあり、しかも強さと力を感じさせるがセクシーで、なおかつ肩のこらない着心地の快適なスーツを求めていた。

管理職に就《つ》く女性はそれまで、制服のようなグレーのフランネルスーツを着て、黒かネイビーの小さいボウタイを締め、バスに飛び乗れるようにスニーカーを履いていた（黒のパンプスはブリーフケースに納められてあった）。ダナ・キャランのデザインは、そんな女性たちの型にはまったスタイルに異を唱えるものだった。

女性たちがスニーカーを履くようになったのは、一九八〇年にニューヨーク市であった交通ストライキの時だ。ストライキでも女性たちは歩いて仕事に出かけなくてはならなかったからだが、ストライキが終わった後も、スニーカーはワーキングウーマンの必需品となった(9)。

知的職業人に見えて、重役会議に出席してもなめられない服、そして女性らしさを隠すのではなく大胆に表現する服。ダナ・キャランが目指したのは、そんな服をつくることだった。

優れたコードに備わる「四つの基準」

呼び出し音でも、マスコットでも、ロゴでも、何がコードを「アイコン」的なものにするのだろうか？　どのような〝秘伝のタレ〟を用いれば、人を瞬間的に惹きつけ、製品やサービスへとつなぐコードとなるのか？　強力なコードとそうでないコードを分ける重要な判断基準は四つある。以下に一つずつ見ていこう。

1 時の試練に耐え得る

ブランドコードは、先に述べたように通常、初めからコードとして考え出されるわけではない。とりわけ強力なコードは、時を経て強さを増してきたもので、不変と言ってもいい。もし変わるとしても、その時には、ゆっくりと少しずつ変化していく。

シャネルの定番とも言えるツイードジャケットは、ブランドコードとして始まったものではないが、間違いなくブランドコードの一つになり、今もブランドの強力な識別子であり続けている。その素材は、一九二四年、ココ・シャネルが当時の恋人、ウェストミンスター公爵の着ていたカジュアルな衣類にインスピレーションを受けて取り入れたものだ。

シャネルは最初、ツイードの生地をスコットランドの工場に発注し、その生地を用いてスーツやコートを含む様々なカジュアルウエアを製作した。しかし、ツイードが真価を発揮したのは一九五四年になってからだ。その年、ココ・シャネルは、現在シャネルスーツと呼ばれるツイードのスーツを発表した[10]。

ブレードの縁取り、本物のボタンホール、体にフィットするように裾の内側に縫い込まれた小さな金属製のチェーン——シャネルのこの伝統的なジャケットを超えるほど象徴的なものは、ファッション界にはないのではないだろうか。

シャネルのジャケットは、色調や裁《た》ち方など時代に合わせて変化したところもあるものの、基本的なシルエットは一九五四年当時とほぼ同じだ。これはオリジナルデザインがすでに洗練された現代性とシンプルさを備えていた証《あかし》であり、今日もそれは変わらない。この初期のシャネルのジャケットは、ジャケットブームが加熱した八〇年代でさえ、ファッションに敏感な人たちがこぞってクローゼットに置きたがる定番だった。

現在でもオンラインの販売サイトなどで検索すれば、五〇年代のツイードのシャネルスーツは見つかる。シャネルスーツは二次流通市場でも高価格で取り引きされている[11]。

ジャケットの基本的デザインや構造は、最初に考案された時からほとんど変わっていない。このジャケットが発するメッセージは力強く明快だ。このジャケットを身につける人は、裕福なライフスタイルを楽しみ、上質なスーツにふさわしい、洗練されたセンスを持ち、高品質にこだわる。**これだけ多くのことを、たった一着のジャケットが伝えている**のだ。

今も昔も、シャネルのジャケットが数多《あまた》のブランドやメーカーによって模倣されるのは、単にジャケットの型が洗練されているということだけではなく、コードが強力であるゆえだろう[12]。

限られた市場向けに展開しているブランドでさえ、その業界の枠を超え、時の試練を経て、人々がすぐに認識できるコードを持つことができる。**ハーレーダビッドソン**がそうだ。ライダーやファンでなくとも、ハーレーを知っていて、見惚《みほ》れてしまう人は多い。

ハーレーのロゴはコードであり、男性の肉体を思わせる形状もコードだ。しかし最強のコードは、アメリカのポップカルチャーにおけるハーレーの位置づけだ。

ハーレーダビッドソンから何を連想するか尋ねると、反逆、自由、異端、ならず者、そして、愛国心、男っぽさ、若さなど、いつも似たような答えが返ってくる（ライダーの平均年齢は現在、四十八歳であるにもかかわらず[13]）。
ハーレー乗りが共有しているのは、「自由への憧れ」と、ハーレーのコードに暗示された「自由への誓い」「自由を求めるスリル」なのだ。

2 緻密かつ明確な定義

強力なコードは、おおまかな描写ではなく、**非常に明確で緻密、具体的**に定義されている。
例えば、3Mのポスト・イットノートは、黄色ではなくカナリヤ色。エルメスは独特な色合いの濃いオレンジ色。ルイ・ヴィトンは「オールドバーガンディ」と「ダート」という独特の茶系の色。

ティファニーのブルーも、ネイビーでもスカイブルーでも緑がかったブルーでもなく、コマドリの卵のブルー。これはパントン色見本帳の一八三七番だ。ティファニーが「コマドリの卵のブルー」（一八三七番）という独特な色を使い始めたのは、創業から十年に満たない一八四五年。顧客に配布する商品カタログ「ブルーブック」の表紙に取り入れた。およそ二世紀にも及ぶブランディングだ。

ロゴにおいても同様だ。例えば、**スターバックス**のロゴのマーメイドは、ありきたりの尻尾が一本の（ディズニーキャラクターのような）人魚ではなく、緑色の二本の尾を持つ。この妖精は、ギリシャ神話のセイレーンであり、ノルウェーの古い木版画から着想を得たという（ちなみにスターバックスという名前は、ハーマン・メルヴィルの有名な小説『白鯨《はくげい》』の登場人物に由来する。「スターバック」とは、船長エイハブの船、ピークォド号の一等航海士であり、善良なクエーカー教徒だ)。

「セイレーンはブランドの最も重要なシンボルです」と同社グローバル・クリエイティブ・ディレクターのスティーブ・マレーは言う。しかし、セイレーンがスターバックスやコーヒーと、どう関係するのだろうか?

第一に、スターバックスはピュージェット湾岸のシアトルで創業した。だから水と強く結びつく。第二に、コーヒー豆は大きなコンテナ船に乗せられて、エチオピアやケニア、コロンビアといった異国から海洋をまたいで運ばれてくる。マーメイドも(伝説によれば)遠い異国から広大な海を渡ってやって来て、その美貌《びぼう》と魔力で水夫たちをおびき寄せる。(14)

第三に、ギリシャ神話では、セイレーンは水夫たちを魅了する。スターバックスがコーヒー好きを魅了するのと全く同じではないか。スターバックスといえば思い浮かべるのは、その独特なセイレーンの図柄なのだ。

3 強い独自性

強力で深い意味を内包したコードには特殊性があるために、多くの企業や組織は、そうした独自色のあるコードを商標登録し、盗用や権利侵害をされないための労を惜しまない。これが、強力なコードの三つ目の規準につながる。つまり**ブランドに分かちがたく結びついている強力**

な独自性だ。

知的財産として法律上で権利が保護されているか否かにかかわらず、強力なコードは他社が容易に模倣できるものではない。たとえ模倣したとしても、そのコードは元のブランドに分かちがたく結びついている。

例えば、ディズニーの「ネズミの耳マーク」やシンデレラ城（ドイツのノイシュバンシュタイン城がモデル）。ル・クルーゼの鍋蓋《なべぶた》に施された輪の模様や、ボッテガ・ヴェネタのバッグに使われている特徴的な編み込み革。そしてチャールズ&レイ・イームズのプラスチックチェア。これら例に挙げたコードの独自性は、各ブランドと深く、永遠に結びつけられている。

コードはブランドと密接に結びついているため、ブランドから切り離して使用されたとしても、あるいは他社がそれを使用したとしても、人々の目には元のブランドの印象が強く残るし、ブランドの特殊性が揺らぐことはないのだ。

ディズニーのネズミの耳は、ミッキーを表わすだけではない。陽気さ、気まぐれ、子ども時代の夢、天真爛漫《てんしんらんまん》、チャーミングなど、様々なメッセージを伝えている。

二〇一四年、ディズニーはある人気ＤＪを相手に訴訟を起こした。そのＤＪがワールド・ツアーでネズミの耳をモチーフにしたヘルメットをかぶっていたからだ。「デッドマウス」と名乗るＤＪ、ジョエル・ジマーマンは、ディズニーのネズミの耳に似せたロゴを使用しているが、そのシンボルの使い方は、ディズニーが伝えたいと考えるコンセプトとは正反対であるというのがディズニー側の言い分だった。訴訟は二〇一五年に和解となり[15]、そのＤＪはブランド戦略の一環として大きなネズミの耳を今でも使っている。

ニューヨーク市都市交通局も同様に、知的財産を守るべく（特にブランドネームの保護においては、精力的に）戦ってきた。二〇一一年には、ハーバード大学警察に対し、「If you see something, say something（不審物を見たらお知らせください）」というスローガンを許可なく用いたとして、警告を発した[16]。

ハーバード大学も同校のコードを保護している。特に「ハーバード」という名称の使用に関しては徹底している。「ハーバード」という名から何を連想するだろうか？　最高レベルの教育、世界に誇る学識、一六三六年にまで遡るアメリカの伝統、同大学が輩出した偉大なリーダーたちの文化的遺産であろう。

ハーバードは、その名前とともに、多くの象徴的なコードも侵害されないように、厳重に管理している。例えば、ハーバード・バイオサイエンスという民間のバイオテクノロジー企業を相手に、大学の名前と、同校のシンボルカラーであるクリムゾンを同社のウェブサイト上で無断使用したとして、二〇〇一年に訴えを起こした[17]。

そうして現在、ハーバード・バイオサイエンスのウェブサイトでは「ハーバードは、ハーバード大学の登録商標です。ハーバード・アパレイタス、ハーバード・バイオサイエンスという商標は、ハーバード大学とハーバード・バイオサイエンスとのライセンス合意にしたがって用いられています」という記述がある[18]。

4 普遍的なメッセージ

強力なコードは、ブランドのあらゆる面と密接に関わっている。コードは、それ単体で発展したり展開されたりすることはなく、ブランドのあらゆる面と密接に結びついているからこそ、確かな信頼性を生み出していく。

例えば、**ティファニーブルー**（コマドリの卵のブルー）は、涼しげで穏やかな印象を呼び起こす。また、時代に流されることのない、自然な輝きを持っている。その色から連想するのは、静寂、平和、幸運、女性らしさだ。ここに挙げたすべての印象はティファニーの売れ筋の中核商品（宝石、特にダイヤモンド、貴金属、そしてクリスタルや陶器などの精巧なデザインの家庭用品）にはっきりと感じられる。

ティファニーには深い伝統があるが、昔も今もモダンな雰囲気を感じさせる。ブランドコードは美術館の芸術作品のように扱われるべきではない。ブランドの文化的遺産の中で、何が今も昔と変わらぬ重要性を持つのか、そして何が単なる歴史でしかないのか、マーケティング担当者はじっくりと見極めなくてはならない。

例えば、先に触れたように、**ルイ・ヴィトン**は、蒸気船が発達し、海外旅行ブームに火が付いた時代に大きく成長したブランドだ。鞄職人であったヴィトンは十九世紀半ば、パリで事業を創設。底が平らで（重ねられる）、帆布製（軽量）の、気密性の高い（水に強い）トランクを売り出した。

ルイ・ヴィトンのトランクは軽くて実用的で、当時、流行した蒸気船旅行には、まさにうってつけだった。ルイ・ヴィトンは高級ブランドとして、世界中の富裕層から長く愛されてきた。その存在価値は上質の旅を楽しむ現代人にとっても、大きい。

その一方で、世界旅行が多くの人にとってもっと魅力的で刺激的、かつ実現可能なものになると、ルイ・ヴィトンは裾野を広げ、豪遊するブルジョワだけではなく、多様な人が熱望するブランドとなった。

それは、ルイ・ヴィトンが昔も今も、ブランドとその時代の旅行を結びつける、強力で一貫性のあるメッセージを送っているからだ。そうしたヴィトンの精神は、広告キャンペーンや店舗内のモチーフ、さらには特設展示会「空へ、海へ、彼方へ――旅するルイ・ヴィトン」のキュレーション（「一八五四年から現代に至るまでのルイ・ヴィトンの壮大な軌跡」を辿るための展示会）にも表われている。

食品ブランドの**ベティクロッカー**には、もともと二つの強力なコードがあった。

その一つは、ダークブラウンヘアの架空の婦人だった。その婦人のイラストは一九二七年以来、パッケージや広告に描かれてブランドの象徴となっていたが、一九九六年に改良する際、使用を中止することが決定された。[19] 創業当初と比べ「専業主婦」の社会的位置づけや意味が変わり、そのイラストはもはや適当ではないと判断されたためだった。

これは賢明な決断だったと言える。もし、頑固に守り続けていたら、企業にとって負の要素となるコードになっただろう。多様化が進むアメリカでは、その赤い上着をまとったダークブラウンヘアの婦人は、もはや存在価値を失っていた。

幸いにも、同ブランドにはもう一つ、一九五四年以来使用している赤いスプーンのロゴがある[20]。ホームクッキングやオーブン料理、お菓子づくりを連想させる、わかりやすくシンプルなシンボルだ。これであれば再設計をせずとも、必要に応じて微調整をすれば、どんな時代にも通用する。そしてスプーンはどこででも通用する。何しろ、あらゆる文化でスプーンは使われているのだから。

「衰退」と「発展」を分けるただ一つのポイント

もし、白人中年女性を家庭的とするような固定観念、そしてそれに基づいたコードを今でも持ち続けていたなら、ベティクロッカーのブランドの価値は損なわれただろう。文化の多様性と平等が重んじられる二十一世紀には不適切なコードだからだ。

ありとあらゆるコードの中で、大失敗と言えるコードの一つは、昔ながらの小売業者に多く見られる。特に百貨店はメイシーズからディラーズに至るまで、慣例的で退屈な店舗デザインを何十年にもわたって続けている。個性がなく、時代遅れで、全く新鮮味がない。

つまり、**コードが現代において意味を失ったため、百貨店と顧客の間にあった感情のつながりが切れてしまった**のだ。昔からある小売業者の多くが経営難にあえぎ、一部の企業（例えば、クレアーズ[21]、ボントン[22]、スポーツオーソリティ[23]、トイザらス[24]など）が破産申請に至った理由はここにある。

しかし、このことは小売店の存在価値がないということではない。むしろ逆だ。昔から続くブランドも、ルイ・ヴィトンやグッチのように、存在価値を保持する方法を見つけている。

ABCカーペット&ホーム（私のお気に入りの、ニューヨークにある老舗インテリアショップ。十九世紀にカーペットの行商からビジネスを開始した）は、家庭用小物やインテリア商品を用いてトータル・コーディネイトし、舞台のシーンのようなドラマチックな空間をつくり出している。旗艦《きかん》店のインテリアはファッショナブルで、ブティックのように眺める楽しみを与えてくれる。

パリの老舗百貨店**ル・ボン・マルシェ**は（これも私のお気に入りの一つ）、象徴的なエスカレーターのデザインやすばらしい食品館ラ・グランド・エピスリー・ド・パリを維持する一方で、古いコードをほどき、編み直した。モダン建築を駆使した、刺激的で明るい空間は、若い息吹に満ち、独創性にあふれる。

ル・ボン・マルシェは世界最古の百貨店と言われ、その歴史は一八五二年まで遡る。フランス人事業家で小売業を手がけていたアリスティド・ブシコーが妻のマルグリットとともに開業した。夫婦が考えたのは「感性を刺激する、従来にはなかった種類の店」。店舗の拡張を繰り返す中、建築家のルイ＝シャルル・ボワローと技師のギュスターヴ・エッフェル（エッフェル塔の設計者）にデザインを依頼した[25]。

ブシコーは現在の基準から考えても革新的で、刺激的なショップ体験を多く生み出し、顧客を魅了した。

例えば、男性には、妻が買い物する間に寛《くつろ》ぐための読書室を設けたり、子ども向けには賞品付きのお楽しみイベントやショーを催したり、通信販売（実は世界初）のカタログを製作したりした。また、クリスマス後には寝具類のホワイトセールを催すなど、シーズン限定の売り出しを実施し、オフシーズンの集客増加を図った。[26] ル・ボン・マルシェは、魅惑的なディスプレイ、厳選品が揃った売り場、息をのむほどに美しい建築や装飾で、今でも地元の人や旅行客を喜ばせている。

ニューヨーク五番街の老舗百貨店、**ヘンリ・ベンデル**には、とてもすばらしい伝統があった。実は、アメリカで初めてシャネル製品を販売したのは、ヘンリ・ベンデルだった。[27]

また、一九五七年から八六年まで店の運営にあたったのが、伝説的なビジネスウーマン、ジェラルディン・スタッツである。スタッツは、冒険好きな新進デザイナーを発掘する目があり、誰よりも早く商品を世に売り出すことに長《た》けていた人物だ。スタッツに発掘されたデザイナーには、ペリー・エリス、ジーン・ミュア、ソニア・リキエル、メアリー・マクファデン、カルロス・ファルチがいる。五十年にわたりトレンドセッターとして活躍してきたラルフ・ローレンも彼女に見出された一人だ。

スタッツは一九五八年、五番街の店舗のメインフロアを魅力的な「ブティック街」にするという、新しいディスプレイ法を編み出した。その店舗デザインは、今日の「ショップ・イン・ショップ」というコンセプトの先駆けである。(28) 激動の六〇年代には、アンディ・ウォーホルを社内イラストレーターとして起用した。しかし残念ながら、後年の経営陣は、この豊かで創造性に富む歴史を生かして、二十一世紀の買い物客に新しい刺激や感動をもたらすことはできなかった。(訳註　二〇一九年に全店舗を閉鎖)

ベンデルが当初、魅力的だったのは、至るところに出店していたからとか店舗がどこでも均質だったからではなく、独自性やキュレーション力に富んでいたからだった。

戦略を変える前は、専属バイヤーが世界中を巡って、それまでになかった刺激的な発想やデザインを掘り起こし、そして新進気鋭のデザイナーやアイデアを顧客に紹介した。しかし、後年は、独自性や創造力に富んだ世界的デザイナーを起用せずに自社ブランドの商品を開発するようになり、世界中からデザインの才能を発掘することをやめてしまった。販売促進や宣伝などを含めた商品マーケティングでは、販売フロアでの商品の陳列や販売価格の設定のみが重要視されるようになった。

魔法は解けてしまった。独自性は消えた。ごくありきたりな小売経営のアプローチを、世界に二つとないユニークな店舗に適用したために、ベンデルは破滅した。

スーパーマーケットのアルバートソンズは、コードも活気もない。明るすぎる照明、ずらずらと陳列されたノーブランド商品、面白みのないBGM、ごついショッピングカート、家政婦みたいな紺色のエプロンをつけた従業員。買い物客はこのスーパーに、親しみを感じることなどできないだろう。

対照的なのが、**トレーダー・ジョーズ**だ。こちらもスーパーマーケットだが、そのコードはとても強力である。店員はハワイアンプリントのシャツを着用し、商品は色彩豊かで楽しく、オリジナリティがある。無料サンプルもあり、のんびり眺めたり新しいものを見つけたりできるような、親しみやすい空間になっている。

どの店舗もフロア面積を比較的小さくし、商品を見つけやすく、吟味しやすいように陳列の仕方を工夫しているところもトレーダー・ジョーズの美意識だ。従来の大規模スーパーマーケットには、とうてい太刀打ちできないだろう。

小売業者が成功する方法はある。人は、触れたり、肌で感じたり、匂いを嗅いだりせずにはいられない。だから、小売業者は消費者がそのようにできる場を提供すればよいのだ。どうすれば店内での買い物が、消費者にとって多くの発見をもたらすユニークな社会経験になるのか、その術を見つければ勝利を収めたも同然だ。

少なくとも今のところは、オンラインストアの商品を手で触れることはできない。しかし**小売店では、商品や販売員が「ユニークで、驚くべきもので、役立つものだ」と、顧客の五感に直に訴えることができる**。それこそが小売業が努力すべきところだろう。

いかにしてコードを「発掘」するか

コードは、長い時間をかけて集積されてきた一貫した表現、企業の足跡からも浮かび上がってくる。コードとは何かを明らかにしたいのであれば、あなたの会社・企業の歴史が百年に及ぼうと五年であろうとも、初めのステップはいわゆる**「ブランド監査」**を行なうことだ。これまで蓄積されてきた記録を掘り下げて調べるのだ。伝統が深く根づいていれば、もちろん作業には時間がかかる。名の知れた企業であれば、(高級アパレルブランドがよくやるように)足跡を顧《かえり》みると、驚くような発見があるかもしれない。

これまでどのように製品をつくって販売してきたのかのみならず、なぜその製品がつくられ、どのように販売されてきたのか、その製品はどのように時代の影響を受けてきたのか、そしてとりわけ、どのような進化を遂げてきたのかを入念に見ていくこと。

創業者は誰だったのか? その人物は、時代からどのような影響を受けたのか? 外部環境の変化の中でブランドはどのように発展していったのか? ブランドにとって決定的な瞬間は何だったのか? こうしたことを調べていくうちに、傾向や方向性が次第に見えてくるだろう。

ブランドのどのような表現が共感を呼んだのか、あるいは呼ばなかったのか、そしてその途上で、経営陣がどのような対応をしたか、企業文化や扱う商品やサービスに変化はあったのか、などについて理解が深まるだろう。

アーカイブには製品デザインのサンプルや画像もあるかもしれない（年代順に閲覧できれば望ましい。デザインがどのように進化していったのかが一目瞭然《いちもくりょうぜん》だからだ）。その他にも、目に見える要素（ロゴ、標語、広告、店舗計画など）がアーカイブには含まれているだろう。

次のステップは「パターン化」していくことだ。様々な製品、セグメント、そして会社の歴史的な出来事のすべてに共通する構成要素は何か？　それらの目に見える要素の一つひとつは、「優れたコードに備わる四つの基準」を満たしているか？　個々のコードはどのように協働するのか？　あるコードはブランドの鍵となる価値を強化するかもしれないし、あるコードはブランド価値を毀損《きそん》するかもしれない。

「市場をあっと言わせる」より大切なこと

最後に、ブランド構築に携わる人への、私からのアドバイスはこうだ。

「強力なコード」はなんとしてでも保護すること。企業はいつも、ここで足を踏み外す。

一時、ヴーヴ・クリコ（シャンパーニュ・ブランド）の経営陣は、ラベルの色について議論を展開した。それまで使われてきた濃黄色は、もはや古めかしく、ありきたりになったのではないか——色を変えるべきかどうかの論議で、結局チームは「それまでの独特な濃黄色を維持する」という妥当な決定を下した。

だが問題なのは、そのような話し合いが実際に行なわれたということだ。

創造性にあふれる企業は、時流について行きたがる。常にトレンドを押さえておきたい。だから、クリエイティブ・チームは、何十年も、ヴーヴ・クリコの場合には何世紀にもわたって使われてきたコードにしばしば行き詰まりを感じる。デザイナーやチームのシグネチャーを一新して、市場をあっと言わせたいという衝動に駆られる。しかし、これは概してまずい考えだ。ヴーヴ・クリコにとっての真のチャレンジは、新しい色を見つけることではなく、古くからの色に新鮮味を加える方法を見出すことだった。

しっかりと構築され、支持されてきたコードであれば、そのほとんどは、決して侵してはならないものだ。マクドナルドの金のアーチは、描かれる大きさや位置が変わったとしてもブランド・アイデンティティの中心であり続け、アメリカ中の高速道路沿いで遠くからでも認識できる。

だからこそ、**『ニューヨーク・タイムズ』紙**が「All the news that's fit to print（印刷に値するすべてのニュース）」というスローガンをオンライン版から削除したのは間違いだったと私は考えている。この一文が、ジャーナリズムにおいて最も有名なスローガンであることは間違いない。このスローガンは、一八九七年に遡るもので、同紙が古くから持つその他の強力なコード（例えば、象徴的なフォント）にも相通じるメッセージを発している。

合理的な見方をすれば、その一行をオンライン版から削除するという判断は納得できる。その言葉の従来の意味を考えれば、デジタル版は実際、活字印刷ではない。同紙はおそらく、デジタル版購読者の大部分を占める若年層は、デジタル以外の（すなわち古風な）ものが発するメッセージには反応しない、と考えたのだろう。

しかし、私はそうは思わない。過去の文化的遺産と差別化されたコードは、時の試練に耐えて一貫性を保ち、力を増してきたものであり、あらゆる世代の人の共感を呼ぶはずだ。

結局、『ニューヨーク・タイムズ』紙のスタッフは、その意味をあまりに文字どおりに解釈したため、尊重すべきであったコードの価値、つまり「印刷に値する」という言葉に込められた重要な意味を見落としてしまった。このスローガンは、新聞編集における整合性や、報道価値を判断する重要性を示すものだ。印刷が時代遅れのテクノロジーかどうか、という次元の話ではない。

ファッション・ブランドの**ギャップ**は、二〇一〇年にそのロゴを変更し、消費者から激しい批判を受けた。ファン層から他のアイデアを募《つの》ったものの、ソーシャルメディア・キャンペーンではあまりよいものは引き出せず、結局、同社は原点に立ち返り、当初からの優雅で細長い文字に戻した。おそらく〝先祖返り〟をするだけでは、どうにもならないと思うのだが。

ブランドの力を問う「試金石」とは？

ブランド監査を終えて、明確な傾向や方向性、様式、アイコン、そしてコードになり得る要素を見出したら、それらの効力や強度をどのようにして試せばよいだろうか？

一つの方法は、ブランドの関係者以外の人たち、あるいはブランドに先入観を持たない人たちに、ブランド名やロゴ、具体的な製品に関わるものはすべて隠した上で、広告やマーケティングキャンペーンを見せるというものだ。

提示した要素（色の組み合わせ、素材の選択、フォント、声やトーンや音、さらにはロケ地など）から、彼らがあなたの会社を認識できるか否かを確かめるのだ。これは、明確で一貫性のある独特なコードを構築できているかを見るリトマス試験と言えるだろう。

たとえ今は、強力で識別可能なコードを持ち、市場での確固たる地位がある企業であっても、市場は絶えず動き、顧客の判断基準は常に変化していくことを肝《きも》に銘《めい》じてほしい。これまでのファンが去っていく可能性はある。ビジネスを維持・成長させ、存在価値を保ち続けるためには、常に新たな顧客を惹きつける必要がある。

昔からの顧客を満足させること、そして異なる期待を抱いているであろう新たな顧客を惹きつけること――この二つのバランスをとることは難しく、どの企業にとっても大きな課題である。

次章では、この課題を「美意識」に基づいて解決する方法について検証していこう。

Chapter

4

深い「共感」と「洞察」から導かれる世界

……「コモディティ」から抜け出すには

企業が抱える問題はそれぞれ異なるが、成長や存続を妨げる要因には、はっきりとしたパターンがあるものだ。そこで、この章では、企業の成長や存続を妨げる要因に立ち向かうための最善策をご紹介しよう。私が**「美意識に基づいた問題解決」**と呼ぶものだ。

一九五五年に発表されたフォーチュン五〇〇[1]に名を連ねた企業のうち、二〇一八年のリスト[2]に残っていたのはわずか六十社だ。

なぜ、成功し続ける企業がこれほど少ないのか？　手短に言えば、極めて多数の企業が勝ち目のない土俵で戦いに挑んでいるからだ。

仮にターゲット（アメリカのスーパーマーケット・チェーン）がウォルマートの土俵で戦えば、勝てる見込みはない。ヤフーがグーグルの土俵で、グーグルを打ち負かせないのと同じだ。しかし、ターゲットの場合はヤフーとは異なり、自らの土俵で自分の得意技で勝負することで、相対的に強さを維持してきた。

一般的に、ビジネスにおける典型的な課題の解決策は、ビジネス・スクールのケース・スタディやベストセラーのビジネス書の中には見つからない。つまり、高度に系統立てられたフレームワークや分析ツール、市場に対する冷静な見解の中には解決策はないということだ。顧客への深く共感的な理解（彼らは「何を、どの店で買っているか」と考えるのではなく、「どう感じ、何にときめいているのか」と考えること）、そして「どうすれば、顧客にもっと喜んでもらえるか」という洞察の中にこそ、課題解決への答えは見つかる。

ハーバード・ビジネス・スクールの教授で、企業のイノベーション研究における第一人者である、クレイトン・クリステンセンは言う。

「私たちが何かを購入する場合（たとえそれがデートの相手を喜ばすためのセクシーな服や、子どものお弁当用のヘルシーな食材であっても）、実質的には、自分の目的達成のための助っ人として、それを『雇って』いるのだ」と。

なぜ「自分らしさ」をフル活用すべきか

その製品がよい仕事をしてくれれば、またそれを「雇う」（つまり再購入する）だろう。もしも働きぶりに満足しなければ、解雇するだろう。(3) それがありふれたものであれ、最高級品であれ、人は「自分の望みを叶えるため」に必要だからこそ、何かを購入するのだ。

つまるところ、物を買うのは、機械ではなく、人間なのだ。人間は感情的な生き物だし、「それを買ったら、どんな気分になるか」で買うかどうかを決める。そして、手に入れた後の感動が大きければ大きいほど、その製品やブランドにますます魅了され、愛着を深める。

クリステンセンに言わせると、多くの企業がこれを見落として（そして失敗して）しまうのは、消費者の属性（地位、年齢、職業、性別）と、彼らが商品を買った理由の相関関係を正しく理解していないからだ。

どのような業界であれ、ビジネスに関わっているすべての人への私からのアドバイスはこうだ。問題と向き合う時、「自分らしさ」を――あなたの価値観、個性、スタイル、そして奇妙なくせでさえも――フルに活用していただきたい。あなたはなぜ、その商品を購入するのか？買うことで、どんな気持ちになりたいのか？お気に入りの製品やブランドになぜ、魅力を感じるのか？ある製品に魅力を感じないのはなぜか？

あなたの個人的な意見は、あなた自身のビジネスにとって重要だ。あなた自身も消費者であり、自分の感情や欲を熟知しているからだ。

自分らしさのすべてを生かしてビジネスの課題に向き合う時、他者に差をつけることができ、顧客から最も強い共感を得られるはずだ。個人的な信条や好みを問題解決に生かすことで、会社の影響力と価値をつくり、強化していくことができるのだ。

「学び・発見・刺激」を人は求めている

自分らしさを出すことで、顧客の気持ちをより深く洞察できるようにもなる。**共感は、美意識の要**となるもので、ビジネスの継続的な発展には欠かせない。

共感が欠如していたのが明らかなのが、**グーグルグラスの開発**だった。発売から数年で販売中止となったのは、研究開発やマーケティング、広報などへの投資が足りなかったからではない。基本のデザインに問題があり、装着時の不快感（不自然、心地悪いなど）が支持されなかったからだ。誰もがそのメガネをつけている姿を見られたくなかったし、他者がつけている姿も見たくなかった。グーグルはもっと顧客の身になって考えるべきだった。

市場を注意深く見回してみると、多くの企業リーダーが、一緒に働く人たちや顧客との人間的な結びつきをおろそかにしすぎている、と私には思える。人間的な結びつきを失えば、企業は存在意義を失う。そのような企業が顧客のニーズになんとか応えているとしても、もはや顧客に「喜び」をもたらしていないのは確かだろう。

企業は生き残るために、原点に立ち返るべきだ。製品やサービスに再び人間らしさを加える必要がある。食品業界やエネルギー業界など、ごく一部を除き、世の中に出回っているものの大半は必需品ではないことを忘れてはならない。人はこれ以上の「がらくた」を必要としていない。それどころか、多くの人たちが「がらくた」を減らし、生活を簡素化しようとする時代を迎えている。この流れは当面、止まらないだろう[4]。

人々が真に必要としているのは、コミュニティ（一体感や帰属意識）だ。学び、発見する機会だ。自分はどんな人間で何を感じるのかを表現する術だ。自分の世界と自分自身をより美しく、より楽しくするためのツールや刺激だ。それらすべては人間にとって絶対に必要なものだ。そして、そうしたニーズが、人間の欲望の土台であるのは間違いない。

ビジネスの原則や分析的思考が無用だと言うつもりはない。単に、長い目で見ると、そういったものだけでは勝てないと感じるだけだ。

企業が成長するには資産価値だけでなく、美的価値を高めなければならない。美しいものをつくり出し、人々の感性を刺激し、気持ちを高揚させ、関係を築き上げる手腕や能力のある企業や人々が、最後には勝利する。

あなたやあなたの企業に適した方法を探るための第一歩として、この章では、企業にありがちな（フォーチュン五〇〇企業からスタートアップに至るまで、様々な企業が対象となる）**五つの難題**に着目する。そして「美意識に基づいた戦略」を用いて、どうすればそれらの難題に対処できるのかをご紹介しよう。

とりわけ、「第二のＡＩ」をどのように使えるか、使うべきかに焦点を当てたい。顧客を理解し、顧客の反応を予測し、顧客を喜ばせるための新しく、かつ意外な方法を見出すためには、「共感する力」が鍵となるからだ。

①「コモディティ商品」にどう新風を吹き込むか

何か商売をしてみたいのであれば、骨が折れるかもしれないが、コモディティ（日用品、必需品）を試しに売ってみるのも一つの手である。コモディティは価格が比較的安いことが唯一の強みであり、その強みも時間とともに消滅する。商品が月並みで特色がないため、容易に他の商品に取って代わられてしまうからだ。

しかし、この一見すると手に負えない問題は解決可能だ。全く新しい、胸がわくわくするような人間味のある体験を提供することによって、である。私は、この「お値打ち価格商品を売る」ことから「高い付加価値のある体験を売る」方向へとシフトする戦略を、**「スターバックス式解決法」**と呼んでいる。

ここで要となるのは、美意識に基づく戦略だ。独自性のあるわくわくする体験を生み出し、そして商品にまつわる内容豊かなストーリーを紡《つむ》ぐ。この戦略を用いることにより、コモディティを扱う事業は旋風《せんぷう》を巻き起こし、望ましい状況をつくり出し、信頼性を高めることができる。販売する製品がコーヒーであっても、大豆であっても、セメントであっても、だ。

スターバックスでは、効率性よりも「快適さ」を重視して内装をデザインし、ヨーロッパ式のノウハウと職人技を感じさせる魅力的な「バリスタ」をカウンタースタッフとして育てることで、従来型のコーヒーショップとの差別化を図ったのだ。

ここで重要なのは、スターバックスが現在、差別化されて大きな存在価値を持っているかどうかではなく（実際には、同社は時の流れとともに進化できなかったように私には見える）、その大躍進と長期にわたる成功から私たちが何を学べるか、だ。

一九九〇年代と二〇〇〇年代初め、スターバックスはこの業界で非常に際立った、まさに草分け的な存在と見られていた（六〇年代、七〇年代のマクドナルドもそうだ）。

一九八七年、スターバックスが初めてシアトル以外の街に店舗を開店した時、(5)多くの人に望まれていた**「サードプレイス（第三の居場所）」**（家庭でも、職場・学校でもない場所）を提供するコーヒーチェーンは他になかった。職場以外の場所で、食事やコーヒーを楽しんだり、友人に会ったり、考え事にふけったり、人との交流を深めたりする場をつくったのはスターバックスが初めてだった(6)。

スターバックスの成功から数年後、マクドナルドも同様の事業展開を始めた。「第三の居場所」というコーヒーハウスの美学がもたらす利益、そしてハンバーガーチェーンの魅力の減少や差別化の限界を認識すると、店舗の多くを「マックカフェ」に改装し、顧客がもっと長居できるように、温かみのある色や木を内装に取り入れ、フリーWi-Fiや快適な座席を備えた。

この方策が功を奏したかどうかは、議論の余地がある。つまるところ、マクドナルドはスターバックスの土俵でスターバックスの得意技を試しているにすぎないからだ。

この二つの企業に限らず、コモディティの罠《わな》にとらわれている企業の課題は、コモディティ化した製品やマンネリ化したショップ体験に、どのように新風を吹き込んで顧客を喜ばせるかだ。

②「トップランナーとの差別化」に必要となるもの

業界で二番手の企業は、より豊富なリソースと絶対的な力を誇る強豪と、「リーダーの座」をめぐって大接戦を繰り広げることになる。そのような二番手企業は、慣例やしきたり、すでに確立された販売方法やマーケティングの方法を持ち、名の知られた事業を営んでいる、あるいは展開しているだろう。

では、業界二番手の企業がブランドの地位を高めるにはどうすればよいのか。一番手との差別化を図って優位に立ち、全く新しい顧客層を開拓するためには、何が必要なのか。

それは、**美意識のある経営**だ。

例えば、**サウスウエスト航空**は、独特なデザインテーマ（「Without a heart, it's just a machine（ハートがなければただの機械）」）を採用し、親しみやすい色（ブルーとヒマワリの黄色）を組み合わせ、「Just Plane Smart（ちょっと気の利いた飛行機）」や「Grab your bag, it's on!（鞄を手に取って、さあ行こう！）」などの従来のスローガンを取り入れて消費者に語りかけることで、アメリカン航空やデルタ航空[7]のような巨大企業と見事に張り合っている。

小売業界では、**ターゲット**と**ウォルマート**の競争がいい例だ。ターゲットは、一貫した低価格戦略（エブリデイ・ロー・プライス）を採用するウォルマートと価格競争で張り合うことはできないが、著名デザイナーとの提携、目を引くユニークな広告デザイン、そして地域への利益還元を通して業績を伸ばし、市場で大きな存在になった。

美容ブランドの**クリニーク**もまた、強豪とのつば迫《ぜ》り合いをうまく回避しながら、市場で強力な地位を築いた企業だ。クリニークは、一九六八年にエスティローダー・カンパニーズによって設立され、姉妹ブランドでありながらエスティローダーとは全く異なったコンセプトを持つ。当時、エスティローダーは、アメリカ国内の百貨店では最も人気があり、誰もが欲しがるブランドだった。二つのブランドは、同じ親の下に生まれたものの、激しく競い合い、同様の製品を同じ店舗フロアで販売した。

しかし、美意識においては、両者は全く異なっていた。

エスティローダーは古風な優雅さに目を向け、華美なセッティングでクラシカルな美しさを備えるモデルをブランドイメージとした。一方、クリニークは肌の健康を重視した独自の製品開発を強調し、広告にはモデルをいっさい使わなかった。製品自体が立役者だからだ。広告の撮影には、著名な写真家アーヴィング・ペンを起用。慎重に配列された製品の芸術的な写真を使用し、洗練された広告キャンペーンを展開した。フランス語で「診療所」という意味を持つブランド名にも、健やかな美肌を目指すブランドの真摯《しんし》な姿勢が感じられる。

クリニークのコンセプトは、『ヴォーグ』誌の美容担当編集者、キャロル・フィリップスから着想を得た。フィリップスは、科学的な「三ステップ（洗う、除く、潤す）」スキンケア・アプローチの重要性を説き、これにエスティローダーの経営陣が共感したのだ。

エスティローダーの美容アドバイザーは優美さやスタイルを伝えることに徹したが、クリニークのアドバイザーは白衣を身につけ、肌質改善のために、顧客の肌タイプ（脂性肌、乾燥肌、敏感肌、混合肌）を診断する機械を使用した。また、エスティローダーが強い香料を使用するのに対し、クリニークの製品はどれも「アレルギーテスト済み、無香料」を売りにした。

創立者エスティの息子、レオナルド・ローダーは、当時のことをこう語っている。

「母がテーブルを叩きながら、『絶対に、一〇〇パーセント無香料にしてちょうだい。広告でもそれを強調するのよ[8]』と言ったのを覚えています。母は自社製品にすでにたくさんの香料が入っていることを知っていたし、無香料という、全く対極の製品を提供したかった。キャロル・フィリップスのように、**母は女性の望むものを深く理解していたんですよ**」

最終的に、クリニークはエスティローダー（および他のブランド）をしのぐまでに成長し、やがて市場に後から参入したＭＡＣコスメティックスに追い抜かれるまで、高級化粧品ブランドの中でトップの座を誇った。

◇「ルールブレイカー」が「ルールメーカー」に躍進する時

それでは、業界で力を持つ二番手と、月並みな企業（後述の「ルールテイカー」（ルールを受け入れる者）」）との差は何だろうか？

企業は、**ルールメーカー**（ルールをつくる側）、**ルールテイカー**（ルールを受け入れる側）、**ルールブレイカー**（ルールの破壊者）という三つのカテゴリーのどれかに収まる。

ルールメーカー（例えば、ホーム・デポ、ゼネラルモーターズ、レゴ）は、規模、市場シェア、リソースを生かして勝者となる。一方、ルールテイカー（例えば、ロウズ、クライスラー、ディラーズ、フィッシャープライス）は、ルールメーカーをひたすら追いかける。

同じ戦略を用いて、同じ消費者層をターゲットにするが、競合企業に差をつける強さや市場力はない。ルールテイカーは、生き残ることができたとしても、永遠に二番手のままだ。利益を生むことはできる。しかし、業界では革新的な存在ではなく、ユニークで新鮮な体験を提供できないため、業績においてルールメーカーとの差は広がる一方だ。

ルールブレイカーは、ルールメーカーほどの大きさも経験もないが、差別化とイノベーションに成功し、様々な実験を試み、スピード感を持って市場をリードし、勢いをつける。つまり、**ルールブレイカーは、業界全体を再定義**する。まさに、ダイソンが電気掃除機、さらにはヘアドライヤーの基準を変えたように、だ。

そういった企業が成功を収めれば、時とともにルールブレイカーはルールメーカーになり得る。

例えば、**MACコスメティックス**は一九九〇年代、プレゼンテーションやマーケティング・コミュニケーションの方法、市場での立ち位置をがらりと変え、業界の大物エスティローダー、クリニーク、そしてランコムの地位を脅かす存在となった。

現在、MACコスメティックスはアメリカ最大規模の高級メイクアップ・ブランドにまで成長したものの、リアーナがプロデュースするフェンティビューティー（リアーナ自身のセレブパワーを発揮したブランド）、フーダビューティー（ソーシャルメディアで美容インフルエンサーとして名高いフーダ・カタンが設立したブランド）、キャット・ヴォン・D（著名タトゥー・アーティストとしての非常に独特な美意識やインスピレーションに支えられて誕生したブ

業界	ルールメーカー	ルールテイカー	ルールブレイカー
書店	バーンズ・アンド・ノーブル	ボーダーズ	アマゾン
ホームセンター	ホーム・デポ	ロウズ	ポーチ（ホームサービスプラットフォーム）
自動車	ゼネラルモーターズ	クライスラー	テスラ
テレビ番組制作	ABC	NBC	HBO
テレビショッピング	QVC	HSN	YouTube
ひげ剃り	ジレット	シック	ハリーズ

ランド）などの、さらに新鮮で魅惑的な競合により勢いを止められようとしている。

先端的なストリート系ブランド、**シュプリーム**は、おそらく今から数年のうちにスポーツウエア市場の牽引《けんいん》役となり、新しい世代のルールブレイカーとなることを夢見るパーソンズ美術大学（ニューヨーク市にあるアートとデザインの専門学校）の学生や、野心に燃えるパフォーマーたちからの攻勢をかわしているだろう。

③「時代にキャッチアップ」するには？

長年受け継がれてきた**レガシー**は、通常、企業にとって価値のある資産だ。しかし、なかには過去にとらわれ、現代社会に適応できなくなってしまう企業もある。

そのような企業の課題は、歴史のある最強のコードをうまく活用しながら、ブランドの輝きと魅力を取り戻すための美意識を取り入れることだ。グッチ、ハーレーダビッドソン、ヘネシーなどは、見事に生まれ変わり、それによって繁栄し続けてきたが、大手百貨店のシアーズ、老舗ビールメーカーのストローなどは、生まれ変わりに失敗したレガシーブランドの典型だ。

◇アマゾンの台頭 vs 老舗デパート

大手百貨店の**シアーズ**は、中核的な課題で致命的な判断ミスを犯した上に、その経営再建策は、組織再編、不動産管理ばかりを重視したお粗末なものだった。二〇一八年十月初め、シアーズは破産を申し立てた。

「シアーズの問題点は、小売業者として能力に欠けていたことだ」とグローバルデータ・リテールのマネージングディレクター、ニール・ソーンダーズは言う。「率直に言って、品揃えからサービス、宣伝、基本的な店舗経営に至るまで、小売業のすべての面で失敗した[9]」

シアーズの経営陣は、店舗を閉めて資産を競売にかけ、コストの削減やキャッシュフローの改善を図って将来の利益につなげようとしたが、ビジネスに欠かせない人間的な要素を見落とした[10]。

同社のとった戦略は、問題の根が「過度な事業の拡大」にあったならば、理にかなっていたかもしれない。しかし、シアーズの破綻《はたん》の原因は、店舗数の問題ではない。二〇一七年の第4四半期の店舗での売上高は、前年同期の六十一億ドルから、四十四億ドルにまで落ち込んだ。

売り上げ減少の原因の半分は店舗数を減らしたことにある、と同社は自ら判断した。しかし、既存店の売上高も十八パーセント減少していた[11]。

シアーズは持ち株を売却し続け、自社ブランドの買い手を探した。しかし、こうしたアプローチでは、しばしの延命を図ることはできたとしても、根治は望めない。

真の原因は、実は別のところにあった。シアーズは、「消費者にとって、もはや価値がないもの」になっていたのだ。

実際、衣料品購入者を対象とした二〇一六年の調査結果によると、女性客はシアーズよりもグッドウィル（非営利組織のリサイクルショップ）の店舗で買い物をすることを好んだ[12]。そして人々は、利便性、入手のしやすさ、簡単でわかりやすいことにおいて、消費者のニーズに応えているアマゾンでの買い物を好むようになった。

かつては、どの家庭でもシアーズの分厚いカタログが郵送されてくるのを楽しみにしていたものだが、アマゾンはそれに取って代わり、まさしく二十一世紀版ショッピング・カタログとなった。しかも、アマゾンは二十四時間、三百六十五日利用可能ときている。

シアーズのカタログには、現在のアマゾンと同様に、様々な製品（ヤード単位で切り売りの生地からプレハブ住宅に至るまで、ありとあらゆるもの）が延々と掲載されていた。また、自社製品の宣伝には、女優のローレン・バコール、スーザン・ヘイワードや、シンガーソングライターのジーン・オートリーのような著名人や、野球界のレジェンド、テッド・ウィリアムズを起用した[13]。

シアーズの取扱商品の幅は全盛期以降、一気に縮んでしまったが、アマゾンは販売可能なものの枠をさらに広げていった。物流倉庫での業務のシステム化と、人間とロボットテクノロジーのコラボレーションによって、アマゾンは極めて多種多様な製品を保管して出荷できる。(14)また、製造業者との提携により、同社は販売する製品の多くを在庫として保有せずにすむ。(15)シアーズの場合は、経営再建において、財務面しか頭になく、美意識はそっちのけだったことが失敗の要因だった。

◇「ローカル・レジェンド」として再生した老舗ビールメーカー

老舗ビールメーカーの**ストロー**が抱えた問題の原因は、ずさんな管理体制、疑問視された買収の数々、そして言うまでもなく、ビール愛飲者にとって大きな意味のあった「レガシーに対する無頓着《むとんちゃく》さ」にあった。

ストロー社は一八五〇年、ドイツ移民のベルンハルト・ストローがデトロイトで創業し、一九八〇年までにアメリカで第三位のビールメーカーになった。(16)創業者の曾孫であるピーター・ストローはその年にCEOに就任し、F&Mシェーファー醸造会社、ジョセフ・シュリッツ醸造会社を次々に買収する。しかし、ストロー社には、これほど多様な、しかも文化も背景も全く異なるブランドを運営するマーケティング能力や事業計画能力はなかった。しかし、その後も買収を続け、こうした買収がさらなる重荷となった。

ストロー社は著名な広告マンを招き、その指導の下、長年にわたって親しまれてきたブランドのラベルを直ちに変更し、価格を引き上げ、それまでの「十五缶入りで十二ドル」のお買得品を廃止した。その結果、売り上げは一年で四〇パーセントも減少した。[17]

しばらくすると、ストローは手形の金利の支払いもおぼつかない状態になり、自社の切り売りに着手せざるを得なかった。破綻を招いた原因は、買収を重ねて手を広げた後も、従来の同族経営のままだったことだ。

一方、イングリングやシェルズなどの老舗ビールメーカーは、同族経営のままだが地方に特化することで、今もなお繁栄し続けているし、八〇〜九〇年代にストローの最強のライバルであったクアーズのオーナーたちは、『フォーブス』誌の「アメリカで最も裕福な家族」リスト[18]のトップ一〇〇に残っている。

一九九九年には、ロサンゼルスを拠点とする創業百四十九年の老舗ビールメーカー、パブスト社が、ストローが所有していたブランドの多く（コルト45モルトリカー、ローンスター、シエーファー、シュリッツ、シュミット、オールド・ミルウォーキー、オールドスタイル、ストローズ、セントアイダスなど）を買収した。[19]ストロー所有のブランドの残りは、ミラー社に買い取られた。

興味深いことに、ストローの銘柄は、新しいオーナーの下でどうにか復活を果たしている。二〇一四年にパブスト社を買収したユージン・カシュパーは、幼い頃にソヴィエト連邦からアメリカ合衆国に亡命した。皮肉なことに、あるいは幸運なことにと言うべきか、カシュパーのビール醸造のキャリアはストローで始まった。

二〇一六年、パブスト社はストローの過去の業績を深く掘り下げて調べ、昔ながらの味がクラフトビールの愛飲者にうけるかもしれないと考える。「ローカル・レジェンド」と名づけられた戦略の下、同社は一部の銘柄をその誕生地の醸造所（例えば、ストローの場合はデトロイト）でつくったり、既存ブランドをプレミアム化して新しい生命を吹き込んだりしている。ボヘミアスタイルのピルスナーを含めた新シリーズも、デトロイトで製造されるようになった[20]。また、二〇一八年二月、パブスト社はストローブランドの新銘柄、パーサビアランスという名のIPA（インディア・ペールエール）を発売した。

創業者の子孫によって悲運に見舞われたものの、ストローというブランドにはまだ力があると、カシュパーは見込んでいたのだろう[21]。

◇スメッグ――「世界で最も美しい家電製品」

スメッグ（SMEG）は、その歴史に重きを置き、成功しているレガシーブランドである。創意工夫の能力に富み、昔ながらのキッチン用品に二十世紀半ばのイタリアスタイルを取り入れつつ、その外見や雰囲気にモダンなタッチを加えた。

スメッグは一九四八年、イタリア北部でヴィットリオ・ベルタッツォーニが創業した。ベルタッツォーニ家はもともと、十九世紀に開業した鍛冶屋《かじや》であった。一家は、長年にわたる金属加工の経験を生かし、エナメル加工を施したキッチン用品の製造を始めた。現在、ベルタッツォーニ家の三代目が経営にあたり、ブランドのレガシーをいろいろな形で引き継いでいる。

スメッグは、五〇年代や六〇年代に物資に恵まれた快適な生活を求める声が高まるだろうと予測し、家庭用器具の製造を始めた。五〇年代後半には、調理用ガスレンジを発売。これは自動点火機能、オーブン用セーフティバルブ、プログラム機能やタイマーを備えたレンジで、当時はまだ希少だった。六三年には、洗濯機と食器洗浄機を世に出した。一九七〇年、十四人分の食器を洗える食器洗浄機を発売する。さらに一九七〇年代中頃には著名なエンジニアやデザイナーと提携し、テクノロジーにスタイリッシュで先端的なデザインを融合させるという画期的な製品開発を行なった。

現在でも、その流儀は変わらない。近年では高級ファッション・ブランドのドルチェ&ガッバーナとコラボレーションし、二〇一七年、ユニークな手塗りの冷蔵庫を百台限定で製造した。そのスペシャルエディションは現在コレクターの手に収まっている。二〇一八年にはD&Gとのコラボ第二弾として、トースター、シトラスジューサー、コーヒーマシン、ケトル、ブレンダー、スタンドミキサーなどの小型電化製品を発表する(22)。

なお、一九九〇年代に商品化した、明るいピンクや淡いブルー、ミントグリーンといった甘いパステル調のシンク、換気扇、レトロスタイルの冷蔵庫は、スメッグのアイコニックな製品として、今や世界中で知られている(23)。

スメッグのグローバルCEOであるヴィットリオ・ベルタッツォーニ・ジュニアが会社を引き継いだのは、二〇〇八年の世界的金融危機の直前だったが、その後もグローバル部門の売り上げは倍増し、子会社は七社から二十社にまで増えた。

「この、イタリアの家族経営の会社は、信条を守り続けながらも、とても革新的な企業に成長しました。どの時代にも新しい困難があります。私たちは、それらの困難の一つひとつに対して、常に前向きな姿勢で、創業時と同じアプローチで取り組みたいと思っています。世界で最も美しい電化製品、最も創造的で革新的な家庭用製品をお客様にお届けすることが、私たちの使命です」。スメッグの七十周年記念に向けて、ベルタッツォーニはこのように記している。(24)

このイタリア製キッチン製品が、これほど熱狂的で愛着心の強いファンに支えられているのはなぜだろう？　まず、スメッグは、初代のフォルクスワーゲンやその後に登場したミニクーパーの特徴であった曲線フォルムを再び蘇らせている。色彩は華やかで遊び心がある。頑丈なクロムメッキのディテールは、一九五〇年代のイタリアデザインを彷彿《ほうふつ》とさせる。イタリアのオートバイメーカー、ベスパや、同じくイタリアの自動車メーカー、ランブレッタなどの人気老舗ブランドにも通じる魅力がある。

また、他のキッチン用品ブランドとは異なり、生活スタイルよりも美意識を重視している。ユニークな外観、ポップな色彩で、一般的な威圧感のあるステンレススチール製のキッチン器具とは全く異なる新鮮さがある。つまり、スメッグは、キッチンを飾るファッショナブルな家庭用電化製品なのだ。隠すのではなく、あえて見せたくなるものなのだ。

企業は、過去の成功にとらわれていると、顧客の繊細な美的感受性や好み、望みに鈍感になってしまう。要するに、視野が狭くなり、美的共感力を失ってしまうのだ。

研ぎ澄まされた感性を持っているだけでは十分とは言えない。必要なのは、外部からの刺激に対する人間の感情的反応や好みを、感知し、思い描き、理解する能力——つまり「共感」する力だ。共感することができなければ、いい結果を出すために自分が今行なっていることを見直し、修正し、向上させることもできない。共感力がなければ、日本のビジネスでいう「カイゼン」が図れなくなるのだ。

④スタートアップ企業が「狭き門」をくぐり抜ける方法

競合からの圧力や市場からの「雑音」に怯《ひる》まず惑《まど》わされず、消費者の心を奪い、ブランドの信頼性を高めるためには、どんな美意識が必要だろうか？

ほとんどの新興企業は、特に小さな消費財を扱う業界の場合、競争は熾烈《しれつ》で、強豪や多数のライバルがひしめく中でしのぎを削らなければならない。しかし、メガネメーカーのワービー・パーカー、アパレルブランドのエバーレーンのように、難関を打ち破ってきた新興企業もある。

本書の執筆時点では、**ワービー・パーカー**には十億ドルの価値がある。(25) 同社は、四人のビジネス・スクールの学生が「メガネはわずかなプラスチックからできているのに、なぜこれほど高価なのか」と疑問を持ったところから始まった。

その疑問への答えを探す中、これまでよりもはるかに低価格で高級仕様のメガネを販売する方法を思いついた。

メガネが高価な理由には、巨大アイウェア・メーカー、ルックスオティカグループの存在がある。同社はメガネ大手のレンズクラフターズ、さらにパールビジョンやレイバンやオークリーなどの有名ブランドも所有する。それに加え、シャネルとプラダのフレームやサングラス、その他のブランドネームのライセンスを取得している。[26]

ワービー・パーカーの創業者たちは、小売業者や中間業者を通さなければ、店舗販売の商品にかかる三〇〇パーセントのマージンを消費者は払わずにすむと考えた。

シャネルのようなデザイナーブランドのメガネを手に入れたい人たちは、ルックスオティカの支払ったブランドライセンス料が上乗せされた小売価格で購入する。ワービー・パーカーの創業者たちは、ブランドネームのメガネの人気ぶりからメガネビジネスで成功するための大きなヒントを見つけた。成功するためには消費者の熱望に目を向け、よりよい体験をデザインしなければならない。

「消費者はメガネを購入する際、まずは何よりも、メガネが自分の顔に似合うかどうかを確かめます。だから、私たちはファッション・ブランドなのです」と、共同創業者のニール・ブルーメンソールは『フォーブス』誌に語った。[27]

ワービー・パーカーのメガネはおしゃれで楽しい。購入体験はすばらしい。五つのフレームをオーダーすると、送料・返送料は無料。数日後に届いたメガネを自宅で試し、似合うかどうかを友人に尋ね、一つを選んで処方箋《せん》とともにすべてを送り返せばよい。その数日後に処方された新しいメガネが到着する。しかも価格は、小売商が提示する価格よりもはるかに低い。

価格に関しては、メガネをかける人なら誰でも、一度や二度は疑問を抱いたことがあるだろう。このプラスチックの塊が、なぜこんなに高価なのか、と。ワービー・パーカーは、良心的な価格でメガネを提供するのはもちろんのこと、画期的な購入体験と粋なデザインにより、狭き門をくぐり、成功を収めたのだ。

◇「ミレニアル世代の望み」にいかに応えるか

エバーレーンは、D2C（製造者が直接、消費者と取り引きする販売方法）型のアパレルブランドである。二〇一六年の収益は一億ドルと、Tシャツ、シフトドレス、プルオーバーセーター、ブルージーンズといったベーシックアイテムを販売する新興企業としては、見事だ[28]。

エバーレーンの美意識から生まれる魅力は、時代にとらわれない服のシルエットだけではない。同社は、ターゲット市場であるミレニアル世代（一九八〇年代から二〇〇〇年代初頭までに生まれた世代のこと）の願望に応えているのだ。エバーレーンは、ミレニアル世代の購買層は「衣類がどこから来て、どのようにつくられているか」を知りたがっているのではないかと考えた。その発想に基づき、彼らは、アイテムが何からつくられ、どこで製造されるのか、商品化するためにどれだけの費用がかかるのかを買い物客に公表している。縫製工場の労働者がどのように勤務しているかもリンクが張られているので知ることができる[29]。

スナップチャットやインスタグラムのような、ミレニアル世代が多いソーシャルメディアプラットフォームで、製造工程を説明したり、質問に答えたり、エバーレーンを身につけている様々な町や都市の「ストリートファッション」例を公開したりしている。エバーレーンは透明性というビジネスモデルの策士（あるいは創作者）だ。そうあることで、シンプルな黒のTシャツ以上に、顧客の共感を呼び起こすことができる。

ワービー・パーカーやエバーレーンは、消費者のために新しい機会とすばらしい体験を生み出している。競争の激しい業界においては、その体験こそが企業の価値観を反映するもの、そして競合と大きく差をつけるものになる。消費者と関わり合う姿勢や、そのひたむきな取り組みは、商品のデザインや、特徴・機能性以上に意義がある。それら企業の成功は、買い手の共感を呼び、好奇心や結びつきを高めるようにデザインされた「体験」によって築かれているのだ。

⑤「実用性」と「美意識」をどう両立させるか

実用性と美意識をどう両立させるかという課題は、工業製品を扱う企業には付きものだ。工業製品には、通常、実用性が求められる。消費者は、製品が機能性に優れ、長持ちすることを期待する。買い替えにはコストがかかるからだ。普通の人は、毎年ＳＵＶ車（スポーツ用多目的車）を買い替えたり、六カ月ごとにオーブンを交換したり、六日おきに居間の壁を塗り直したりしないだろう。

しかし、製品の特色や機能性もさることながら、美意識を生かすことで「それ以上の価値」を高く評価されるブランドをつくりあげた企業もある。ダイソン（電気掃除機）、バイキング（ガスコンロ）、イエティ（クーラーボックス）、ハリーズ（剃刀《かみそり》）、ベンジャミンムーア（塗料）、ポルセラノーサ（ラグジュアリー総合建材メーカー）などだ。

実用の美において傑出しているのは**ダイソン**だ。近年、ダイソンはプラグ付き電気掃除機はもう開発せず、コードレスやロボット掃除機の種類を増やすこと、機能を充実させることに注力する意向を発表した[30]。電気掃除機の電源コードがテーブルの脚に絡まる、電源コードが掃除機に吸い込まれる、電源コードにつまずく、などの経験を持つ人は多いだろう。電源コードにはイライラさせられるものだ。そして、ダイソンはクローゼットから必要に迫られて渋々、掃除機を引っ張り出してこなくてはいけない作業からも私たちを解放した。

コードレスやロボットの掃除機は、清掃に携わる人や家事をする人に大きな恩恵をもたらした。ダイソンは、強力な吸引テクノロジー（市場初の、強力な遠心力による吸引力の衰えない電気掃除機）を実現し、**誰もが手軽に手早く掃除を済ませることができる**ようにしたのだ。これこそ、「共感の極み」だろう。ダイソンは、自社にとって都合のいい商品（簡単につくれる製品）をつくるのではなく、消費者にとって望ましい商品（簡単で楽しく掃除ができる製品）を創造しているのだ。

イエティのすばらしさは、キャンプやハンティングや釣りで使われる**ありふれたクーラーボックスを、憧れの製品に変えた力量**にある。イエティの製品は、驚くほど高性能（クーラーボックスにロックをかければ、飢えた熊でも壊せない）ゆえに、購入した人はそのことを得意げに語る。購入してくれた人たちが、イエティのためにマーケティングをしてくれているわけだ。

しかし実際のところ、企業が訴えたいのはクーラーボックスの丈夫さではない。イエティが伝えようとしているのはアウトドア活動のすばらしさ、自然保護の大切さ、スポーツマンシップ、広大な原野だ。

創立者である二人の兄弟、ライアンとロイ・サイダースのそもそもの目的は、釣り竿《ざお》の会社を立ち上げることだった。当初、ターゲットとしていたのは、本格的な釣りや狩猟を（兄弟と同じように）楽しむ人たちだった[31]。そのような人たちはほどなく、イエティのクーラーボックスの性能の高さに魅了されるようになった。コールマンやイグルーなどの人気ブランド商品よりも長時間、内部の食材を新鮮なまま保冷することができたのだ。

同社は、消費者からの部品の交換にも応じている。他ブランドのクーラーボックスであれば、どこかが破損すると製品自体を買い換える必要があり、消費者にとっては痛い出費となる。五百ドルのクーラーボックスを、部品が一つ使えなくなったからといって買い替えさせるのは、顧客の信頼や信用を基盤にする企業にとって、美学に反することだ。

イエティのクーラーボックスの場合、壊れやすい部分はどれもすばやく、手間をかけずに取り替えられるよう設計されている。

「愛犬が遊んでいるうちに、ロープハンドルを噛みちぎったなら、当社は代わりのクーラーボックスを送るのではなく、『それなら、新しいハンドルを送ります。マイナスドライバーを使って押し上げれば、古いものはスポンと外せますので、取り替えてくださいよ』と伝えますよ」とライアンは『インク』誌に語っている(32)。

とはいえ、ビールの保冷や魚の鮮度を長く保つために、通常のクーラーボックスの十倍ものお金（競合ブランド製品が二十五ドルから百五十ドルなのに対して、イエティは三百ドルから千三百ドル）を払う価値が果たしてあるのだろうか？　答えはノー。

それにもかかわらずイエティが成功を収めたのは、サイダース兄弟に確かなブランド・ストーリーをつくり出す能力があったからだ。そのストーリーが、このブランドを創業から二十年も経たないうちに、四億五千万ドルの価値を持つ会社に成長させる駆動力となった。

ベンジャミンムーアは近年、新製品の塗料、センチュリーを売り出し、ファロー&ボール、ファイン・ペイント・オブ・ヨーロッパ、クレイグ&ローズなど、人気上昇中のハイブランドと市場シェアの首位争いを展開している。センチュリー・シリーズは、プレミックスされた塗料で、滑らかな触感のマット仕上げが特徴だ。同シリーズはニュージャージー州ニューアークの同社塗料工場で、熟練の職人と化学者によって開発された。

「塗料でこんなに立体感が出せるなんて考えてもみなかった」とデザイナーのケイレブ・アンダーソンは言う。同僚デザイナーのジェイミー・ドレイクも「手塗りのカラーサンプルには

『触ってみて』と書かれています。肌で触れて、感じてみて、これまでとは全く違うなと感じました。とても官能的なんです」と同意する。[33] また別のデザイナーは、センチュリー・シリーズの塗装は「乾式壁を塗装する時の問題」を解決してくれると『アーキテクチュラル・ダイジェスト』誌で語っている。[34]

ベンジャミンムーアは、センチュリーのペイント体験の質をさらに向上させるため、宝石、鉱物、薬草、香辛料、植物などからアイデアを得て、色を開発した。例えば、紫がかった「アメトリン」、セージグリーンの「ボーヴィヨン」、大海を思わせる「ブルームスカリ」、それに渋いバーガンディ色（赤ワインのようなごく暗い紫みが入った赤）の「アリザリン」などだ。興味深いことに、このシリーズに白の色調はない。その柔らかい感触はキッドスキン（子ヤギの革）のようだ、と多くの人が言うが、それも、実際に塗った壁に手を置くと納得できる。

このように、**視覚の他に触覚に訴える**ことにより、ベンジャミンムーアは塗料という面白みに欠ける商品を、刺激的で奥深い商品、かつ誰にでも入手可能なものにした。塗料はプロ向けに商品化されたものだが、自宅のＤＩＹ用に一缶ずつ購入することもできる。

ベンジャミンムーアはまた、プロ・アマチュアを問わず、快く相談に乗る。そうすることで、この一ガロン（約三・八リットル）当たり百二十五ドル（ハイエンドな塗料としては平均的な価格だが、大型ホームセンターの製品と比べると高価）の塗料を、失敗や苛立ちなく使用してもらうことができるからだ。

ポルセラノーサは、スペインの地中海沿岸にあるカステリョン県の小さな村で生まれた磁器タイルメーカーで、一九七三年にペペ・ソリアーノが創業した。現在でもソリアーノ家が経営している。磁器や粘土質のタイルは、強度があって不透水性に優れ、古代から使われてきたが、今日では工場で製造される。磁器はコンクリート（車道・歩道や多くの建設で用いられる砂、砂利、水などをセメントで凝固させた硬化物）の親戚、いわば「セクシーないとこ」のようなものだ。そのことを知ると「ポルセラノーサ」という名は、いっそう魅惑的に聞こえる。

磁器質タイルは長い歴史を持ち、紀元前四千年のエジプトですでに使用されていたという。現在でもチュニジアやイランでは九世紀から十一世紀のタイルを、さらに中東では十二世紀以降のタイルをモスクで見ることができる。

タイルは多くの大型ホームセンターで購入でき、磁器製品としては最も簡素な形の加工製品であるため、非常にありふれた感じがする。しかし、ポルセラノーサは見事に、タイルを芸術的なレベルに引き上げた（同社はまた、ラミネートフロアやシステムキッチンなどの、タイルを使わない製品の開発も行なっている）。3Dやメタリック効果、手塗り、模造（木目調やストーンルック）などの一味違った質感やひねりを加え、現代の美意識にマッチした、高いレベルのデザインを追求している。またポルセラノーサのタイルは、質感、色、仕上げなどに、スペインの地中海沿岸地方の伝統が感じられる。

消費者が有意義だと思うこと、必要とすることに真摯に向き合う。そうした姿勢で臨めば、企業は成功するだろう。これまでの例にあるように、製品が（塗料のような）ごく平凡なものでも、（コーヒーのような）ありふれたものでも、**創意工夫**によって顧客の心に響かせることはできる。「私たちはお客様を尊重しています。お客様に喜んでいただけるよう励みます」というメッセージを伝えることは、どんな企業でもできるはずだ。

美意識と倫理

私自身、二人のティーンエイジャーの親として、子どもたちを誘惑する多くのものに日々、気を揉《も》んでいる。その一つがベイピング（次世代タイプの電子タバコ）だ。これは表向きには大人の禁煙支援のために開発されたテクノロジーだったが、現在では若い世代を中心に「クールで楽しいもの」として広まっている。ベイピングのデザイン、市場開拓の先導者となった企業は、**ジュール**（JUUL）だ。

その名前（「Jewel（宝石）」と同じ発音）からして魅惑的であり、聞いただけで興味をそそられる。若い人たちにとっては特にそうだろう。その名はまた、一ワットの電気を一秒間つけるために必要なエネルギーの量を表わすジュール（単位）を想起させる。[35]

この製品は、アップルの製品やサムドライブ（USBフラッシュメモリ）のように、宝石みたいな多様な色を取り揃えている。また、フラッシュドライブと同様に、コンピューターのUSBポートに差し込んで充電できる。

時として、美的感覚は裏目に出ることもある。それは美的感覚が意図的に人を惑わせたり、よいものであるかのように装って人の気を引いたりする時などに使われる場合だ。私はそれを**「ジャンクフード効果」**と呼んでいる。ジャンクフードは人気のあるもの、おいしいものかもしれないが、栄養価も低く、後味が悪かったりする。それどころか、食べ続けると健康を害する恐れがあると、数々の研究で報告されている。「ジャンク」と呼ばれるのは、そのためだ。

感心できない商品に対する美的感覚の使用に異義を唱えることが、危険な橋を渡ることだとは、私には思えない。資本家や起業家は、善悪の観念を持つべきだ。美観（快感を与えるような美しい外観）は影響力が大きいからこそ、道徳に反する利得のためにそれを利用すれば、企業は消費者の信頼を大きく損なう（もちろん売り上げにも響く）。

ジュールは、その典型例だ。現在、世界最大のタバコメーカー、アルトリア・グループの傘下にあるが、二〇一八年十月、アメリカ食品医薬品局は、そのジュールのサンフランシスコオフィスに抜き打ちで強制捜査に入った。そして、特にティーンエイジャーを含めた若い世代を惹きつけるための同社のマーケティング、販売戦略、製品デザインに関する千を超える文書を差し押さえた。[36] 同社の販売とマーケティング手法が、連邦規制に準拠しているか調査するためだった。懸念されたのは、従来のタバコの喫煙者が減少しているのにもかかわらず、ティーンエイジャーの電子タバコの利用が増えていることだ。

二〇一七年のデータによると、アメリカで電子タバコを利用しているのは、高校生で約一二パーセント、中学生は約三パーセント。それに対し、従来型のタバコ喫煙者は、高校生で約七・六パーセントだった。ジュールが成功を収める一方で、それが何を意味するのか、私たちはどんな代償を払うことになるのかを自らに問わなくてはならない。

もし、あなたの十歳、十二歳の子どもがそのような習慣にはまってしまったら？　それはあなたが望むことだろうか？


キャメル、ジョー・キャメルといったタバコブランドは、業界ではジュールよりも古く、実績がある。それらのアメリカでの製造元であるR・J・レイノルズ・タバコ・カンパニーでマーケティングを担当していたクロード・E・ティーグ・ジュニアは一九七三年、「若者市場に向けた新タバコブランドの開発に関する研究計画覚書」という機密報告書を作成した。今日のジュールは、まるでその報告書から生まれたかのようだ。

「現実問題として、わが社が生き残り、長期にわたって繁栄する企業になるためには、若年層をターゲットとした市場でシェアを獲得しなければならない」とティーグは報告書で述べている[37]。さらには、あからさまなマーケティングが非難されがちなこの市場で、どのように「喫煙予備軍」や「喫煙初心者」を喫煙に惹きつけるか、その方法にも言及している。「わが社は現在、不当にも、若年層を対象にしたタバコのマーケティングにおいて制約を受けている……私の意見としては、若者市場に合わせた新ブランドの設立は望ましい」。さらに、若者の心理的な欲求を都合よく利用するために、若者の間で「流行する」新ブランドを立ち上げること、プロモーションで喫煙による「仲間意識」「連帯感」を強調すること、そして「自分の思ったとおりに行動する」よう促すことを、ティーグは提示した[38]。

レイノルズ社はその後も、様々な方法で若年層の美意識をくすぐるようなマーケティングを行なってきた。

二〇〇四年には、キャンディ風味のタバコを市場に精力的に投入した。これが大人の喫煙者向けでなかったのは明らかだ。こうした企業の画策に対し、二〇〇九年、新たな法律が施行され、甘味・果実味・スパイスフレーバーのタバコが禁じられた[39]。

二〇〇六年、レイノルズ社、およびその他数社のタバコ企業は、不正に利益を得たとして有罪判決を受けた。判事のグラディス・ケスラーは、レイノルズ社とその他の企業が市民に対する不正な金儲《もう》けを禁じる法令に反し、喫煙の健康リスクについて数十年にわたり国民を欺《あざむ》き、若者を対象にマーケティングを行なってきたかどで有罪と判断した。

ケスラーは特に、ジョー・キャメルのキャンペーンの問題性を強調し、一九五〇年代からキャメルが「タバコ産業の将来的な利益につながるように、意図的に二十一歳未満の若者を対象とした『喫煙の後継者』の獲得に努めてきた[40]」と非難した。

二〇一三年になると、レイノルズ社は、『ESPNマガジン』誌、『スポーツ・イラストレイテッド』誌、『ピープル』誌など、若年層に人気のある雑誌に広告を再び掲載するようになった。その広告は、キャメルクラッシュという若者向けブランドのものだった[41]。

二〇一三年、**ケロッグ・カンパニー**は、同社製品に関する集団訴訟で、四百万ドルの和解金を支払うことに合意した。ケロッグは二〇〇九年、同社のフロステッド・ミニ・ウィート（朝食用シリアル）に関して誇大広告を掲げたとして摘発されていた。[42] このシリアルを食べれば、子どもの集中力が約二〇パーセント長く持続すると喧伝《けんでん》していたのだ。

連邦取引委員会は、当該広告に引用された研究を調査したところ、実際には、朝食にシリアルを食べた子どもは、全く朝食をとらなかった子どもに比べれば集中力が高まったものの、それは平均してわずか一一パーセントに満たないほどであった、と指摘した。さらに、二〇パーセントほどの向上が見られたのは、研究参加者のうち、ごく数人だった。

マイケル・モスは自著『フードトラップ　食品に仕掛けられた至福の罠』（本間徳子訳、日経BP社）で、ケロッグが広告の中で触れた臨床研究（ケロッグが資金提供した研究）は、ケロッグが広告で喧伝していたことを何も裏づけていなかったと述べた。

「このキャンペーンで最も注目すべき点は、研究結果を額面どおりに受け取ったとしても広告の文言を裏づけるには程遠い、ということだった。『フロステッド・ミニ』を食べた子どもの半数は、記憶・思考・推論能力を測定するテストの成績が食べる前と何ら変わらなかった」[43]

つまり、ケロッグは、砂糖と炭水化物の塊のようなシリアルをもって「健康への美意識」を生み出そうとした。そして驚くべきことに、このインチキで不当な主張がブランドのイメージを損なっていることを理解できなかったのだ。結局、美意識を持つことの真の価値とは、純粋な志とその志に則った行動によって築かれていくのだろう。

ビジネスは、美意識をめぐる課題に直面することがある。この章では、すべてではないが、最もありがちな課題を五つ取り上げた。それらの課題は、ブランドが取り組まなくてはならない幅広い問題を理解する上で役に立つだろう。

ここでの事例は、あなた自身が関わる問題とは異なるかもしれない。それでも、私が本章、そしてこの先の章で読者に理解していただきたいのは、どんな困難に直面しても、美意識の力を事業戦略や構想において活用することが、最善の解決策になり得るということだ。長い目で見れば、それが唯一の解決策だろう。

問題の解決にあたる時に問うべきは「他社の解決策は何か」ではなく**「今、自社が直面している問題について、私たちの美意識や価値観を反映した解決方法は何か」**である。

人間の感覚と、それがどのように顧客に影響するのかを理解することは、解決策を見出すために重要だ。誤解のないように言うと、コードは「解決策」ではない。コードは顧客を惹きつけ、喜ばせる体験要素の一つであり、あなたの基盤となる資産の一つだ。あなたは業界の中での自分の「立ち位置」を見つけなくてはならない。そして当然のことながら、自分の土俵、自分の得意技を見つけてから、「勝てる戦い」に挑むべきだ。

先に私は、幸いなことに美意識や審美眼は、後天的に習得できるとお伝えした。次章以降では、その習得のプロセスについて取り上げよう。今や読者は、ビジネスにおける美意識とは何か、美意識がブランドの浮沈にどう影響しているかを理解した。次のステップでは、いかにして自身の美意識を高め、自身のビジネスに応用していくかを学んでいく。

あなたのスタート地点がどこであれ、すなわち初心者であれ上級者であれ、美意識を自由に解き放つための折り紙つきの方法がある。そのためにも、食事、ファッション、スタイル、アート、デザインなど、私たちを取り巻く世界に応用できるセンスを伸ばす方法について考察していこう。

審美的な観点から見て何が興味深いのか、また影響をもたらすのかを判断するセンスを向上させることで、あなたは真・善・美を感じるものに対して、より念入りに情報を収集し、お金をかけることになるだろう。そしてその投資は、あなたの顧客を喜ばせること、そして長きにわたる優位性の礎《いしずえ》を築くことで、金銭的にも報われることにつながるだろう。

第 II 部

〈美意識〉をどう磨くか

Chapter

5

その人にしかない感覚をどう伸ばすか

……答えは「今あるもの」の中にある

美に対する感性は、生まれながらに備わっているものではなく、時とともに磨かれていくものだ。そして、「品質や美しさの基準」というものは存在する。例えば、ボルドーワインが好きでなくとも、そのボルドーワインが良質か否かの区別はつけられる。良質とはどういうことかを知るにつれ、その真価を深く理解できるようにもなる。たとえそれが自分のテイスト（味覚、好み）に合わなくても、だ。

時を経るにつれて自身の味覚がどう変化していくかに注目すると、美に対する感性がどう発展・進化していくかを明白に理解できるようになる。

この章で、私は**「味覚」（テイスト）という言葉を、「審美眼やセンス、優れたものを見抜く力」の隠喩《いんゆ》（メタファー）として、より広い意味で使っていく。**（訳註　英語のtasteには、「味覚」の他に、「審美眼、センス」などの意味がある）

環境から得た情報に「レバレッジ」をかけよ

食べることは生きることであり、誰もが食事をする。そして、食べ物の味にはたくさんの事柄が影響している。食材はもちろん、周囲の環境やテーブルセッティング、思い出や期待感、同席者（理屈っぽい仲間との食事では、おいしいものでもろくに味わえない）などが料理の味を左右する。どんな状態で食事をするかで、味覚は鋭くもなれば鈍くもなる。このような相関関係を理解することは、審美眼やセンスを磨くための「観察の手掛かり」となる。

味覚は、感覚神経系と脳の特定の場所によって生まれ、その他の神経機能と同じように、注意を向け、反復し、経験を重ねることでその機能を強め、磨いていくことができる。かつて科学者は、人間の神経系は発達しないものであり、胚《はい》発生期が終わればニューロン（神経細胞）は産生されないと考えていた。しかし二十世紀後半になると、ニューロンが生涯にわたり増殖を繰り返し、学習や記憶、さらには知覚する能力にまで関わることがわかってきた。

例えば、小さな子どもはたいがい、アイスクリームを好んで食べるだろう。甘さ、濃厚さ、クリーミーさに、人は本質的に快感を覚える。それとは対照的に、子どもは一般的にコーヒーやアルコールの味を好まない。だが、コーヒーやアルコールに惹かれる大人は多い。

つまりアイスクリームとは異なり、コーヒーもアルコールもおいしいと感じるまでには学習が必要ということだ。何度となくその味を経験し、その味に親しむことにより味わう喜びを知るようになる。これは、味覚は変化し、発達するという明らかな証拠だ。

味覚の発達を促す練習法や活動はたくさんあるが、まず大事なのは根気よく熱心に様々な味を試してみること。味覚を研ぎ澄ますには時間がかかる。また、その過程で様々な影響を受けることもあり、その影響の要因の半分は自分ではコントロールできないものだ。味覚の発達の仕方は、その人の背景（その人が生きる時間や場所）だけではなく、家庭の価値観や教育といった環境によっても大きく変わる。

味覚には、DNAも関係している。例えば、いくつかの研究によると、愛好者とひどく嫌う人の間で石鹼の味がするとかしないとか、何かと物議をかもす香草、パクチー（香菜、コリアンダー）の味を好むかどうかは、遺伝子で決まるという(1)。

遺伝子の影響がどの程度のものかはさておき、人間は生きていくための手段として、よい味とそうでない味を判別する能力を生まれながらに持っていると私は信じている。しかし、本章の目的は「あなたの舌を肥えさせる」ことではなく、あなたの審美眼やセンス、優れたものを見抜く力を再発見し、大きく広げ、発揮してもらうことだ。換言すれば、あなたが一個人として、そして究極的には職業人としての優位性を確立するために、**自身を取り巻く環境から得られた感覚的な情報をどのように結びつけ、その意味するところをより詳細に理解し、もっと効果的に生かす**、ということだ。

「良質なもの」への感性を高める方法

多種多様な「味」にもっと敏感になる術を学ぶために、そして一部の味が苦手となる経緯や理由を知るために、まずは私たちの食への関わり方を考えてみよう。

食体験にもっと気を配ることは、**良質なものに対する感性**を高める過程で最も大切な（そして、たいていはとても楽しい）一歩になる。この章で紹介する演習や原則は、味覚以外の他の感覚にも応用できる。目に映るもの、聞こえてくる音、漂ってくる香り、手に触れた時の感じ——こうしたことに意識を向けるようにしていくと、感覚的な体験、表現、コード、品揃えがどのように連携しているのか、なぜうまくいく組み合わせもあれば、そうでないものもあるのかが、わかってくる。

「おいしい料理」という概念は、人を惑わすことがある。ご存じのとおり、人は舌や軟口蓋にある味蕾によって甘味、塩味、苦味、酸味、うま味を感じ取る。その一方で、私たちの味覚は文化的な要因、「どんな味がするのだろう」という期待、過去に味わった時の記憶、食べているものに関する最近得た知識などによっても左右される。食べ物に関する情報を伝える時には、科学的にというより、全体論的（ホリスティック）に味覚を捉える必要がある。部屋いっぱいに集めた不特定多数の試食体験者の意見（コンセンサス）だけで、ある食品の食体験が好ましいとか不愉快だとかを決めてはならない。それを食べた人が普段どんなものを食べているのかといった、個々人の味覚に影響を与えている要素を余すところなく理解することが重要なのだ。

人の好みの五割近くはここで決まっている

食べるものが何であれ、その味に対する好き嫌いが出てくる理由は、実のところDNAによるところが大きい。研究によると、食べ物の好みの四一～四八パーセントは遺伝子によって決まるという。[2]人間の舌には二千から五千個の味蕾がある。[3]そのそれぞれが五十から百個ほどの受容体を有し、甘味、塩味、苦味、酸味、うま味という五つの基本となる味を感知する。

受容体の数は、その人のDNAで決まる。アジア、南アメリカ、アフリカといった地域では、八五パーセントが（とりわけ苦味物質に対して）非常に鋭い味覚を持つ。一方、ヨーロッパ民族はどちらかというと、味覚がさほど敏感ではない。

また、平均よりも味蕾の数が多い人は、濃い味の食べ物を好まないことが研究で明らかになっている。一般的な味蕾の数は、およそ二千五百から三千五百個であるのに対し、五千個近く、あるいはそれ以上の味蕾を持つ人がいるという。科学者はこうした人たちを「スーパーテイスター」と呼ぶ。[4]スーパーテイスターは他の人に比べて味覚が格段に鋭いため、甘すぎる食べ物、濃いコーヒー、脂っこく辛いバーベキューソース、ホップの利いたビールをとりわけ嫌う傾向にある。

食に対する好みのほぼ半分が遺伝子で決まるものなら、残りの半分は何で決まるのだろうか？　経験や環境、あるいは努力によるのだろうか？

「満足感」を左右する要因

人はすべての感覚を使って食事を味わっている。桃の皮の繊細な柔らかさ、摘《つ》みたてのバジルの香り、レモン果汁の酸っぱさ——食べ物が様々な感覚をどのように引き起こすかをイギリスのフードライターのシビル・カプールが分析している。[5] カプールは、著書『Sight Smell Touch Taste Sound: A New Way to Cook（視覚、嗅覚、触覚、味覚、聴覚――新しい料理法）』の中で、温度によっていかに味覚が変わるかを理解することが重要だと記している。

ホットコーヒーをアイスコーヒーよりも苦く感じるのは、熱いもののほうが人の苦味に対する感度を強めるからだ。食べ物の風味を最も際立たせたいなら、食べ物を室温と同じにすることだ。チーズの専門家もこれに同感のはずだ。チェダーチーズは楔形《くさび》のまま、カマンベールチーズなら丸ごと、少なくとも食する一時間前には冷蔵庫から出しておくと、甘味や塩味、香ばしいナッツのような風味、クリーミーな味わい、草の香りなど、チーズの繊細な味をじっくりと楽しむことができる。

食べ物は切り方によっても味わいが変わってくる。ローストビーフは分厚く切ると肉の匂いが立ち、噛みごたえが出る。しかし、紙のように薄く、肉の繊維を断つように切ると、とても柔らかくなる。感謝祭の食卓を飾る七面鳥でも同じだ。胸肉を薄くスライスすると、パサついて紙のように味気ないが、斜めにナイフを入れて厚くカットするとジューシーで柔らかい。パルメザンチーズの塊を少しずつかじってみると、塩気よりもザラザラとした食感を感じるだろう。

実は、私たちが味だと思っているものの多くは匂いだ。カプールの言うとおりに、摘みたての月桂樹（ローリエ）の葉を手の中で揉み、香りを吸い込んでみるといい。濃厚なハーブエキスのアロマが立ち昇り、冬のご馳走《ちそう》やほかほかの手づくりスープを連想させ、心を温めてくれる。だが、その葉を口に入れてみると、我慢できないほど苦い。

同じことはバニラエッセンスにも言える。香りはとても甘いのに、なめてみると苦くて不快な味がする。ソースや数々の料理に使われるニンニクも、潰《つぶ》したての香りを好む人は多いが、生のまま口に放り込むと辛くて、舌を刺す。

こうした食品や、その他多くの食べ物の味を私たちは、実際には舌ではなく鼻で味わっているのだ。(6)

しかし、人の嗅覚は衰えてきている。二〇一八年初めに生物学者のアシファ・マジッドが発表した研究によると、現代における西洋人の嗅覚は、マレー半島の狩猟採集民族のそれに比べて非常に鈍いことが明らかになった。マジッド博士は、狩猟採集民が「匂いを色と同じくらい容易に識別する一方で、平均的な西洋人の嗅覚器官は、時とともに注目されることも活用されることもなくなった(7)」と記している。

物理的な環境もまた、食体験に影響する。小さな大衆食堂に入ったら、店内がひどいありさまで、食事がまずく感じられたことはないだろうか。まぶしい照明、不潔な床、べとべとしたテーブル、ギザギザに裂けたビニールの座席、辺りに漂う不快な油臭さ。そんな状況では、食べ物を口に入れる前に「まずい」と思うだろう。

その逆の光景、例えば、ピクニックを思い浮かべてみよう。パリのセーヌ河畔で食する、チーズや新鮮なブドウ、赤ワイン、そして焼きたてで温かいバゲット。バゲットは皮がパリッとしていて、中はほのかに温かく、嚙みごたえがあり、半分に割るとイーストの芳醇《ほうじゅん》な香りが立ちあがる。ブリーチーズ（白カビのチーズ）は適度にとろりと柔らかく、ブドウは口の中でぷちんと音を立ててはじける。美しいルビーレッドのワインは舌に触れる前に、そのフルーティな香りが鼻の奥をくすぐる。すばらしい。極めてシンプルな食べ物でも、雰囲気のおかげで味わいや体験がいちだんとよいものになるのは言うまでもない。

あいにく、私たちは五感の感覚が鈍くなっているだけでなく、五感の感覚が相互にどう関連しているかについても無頓着だ。そして、これは食事に限った話ではない。すべての感覚的な体験についても同様なのだ。

「幸せの記憶」はどこからもたらされるか

味覚の敏感さや好みには個人のDNAが大いに関わっているとしても、味覚は一〇〇パーセント先天的なものというわけではない。家庭や地域社会での食体験なども味覚に影響するし、場合によっては遺伝的な要素を上回ることもある。

食事を準備する時の、皮をむく、切る、混ぜる、炒めるといった行為は、様々な思い出（家族、子ども時代、ロマンス、楽しかったこと、食べ慣れた食事、心が和む集いなど）を呼び覚ます。食や味の好みは、習慣や体験に密接に結びついている。食べ物の食感、味、匂い、形状は、強い感情的なつながりを呼び起こす。このことについては、2章（92ページ〜）の、ワイングラスの形、薄さ、透明感、質がワインの味にどう影響するかという話で述べたとおりだ。

「多様な食文化」という底知れない影響

私たちの味覚は、多様な食文化に触れることで進化し続けている。世界がいっそう結びつきを強め、他国へ移住する人、旅行する人が増えるにつれ、新しい味を開拓したいという声も高まった。「世界はどんどん狭くなっている。多くの国が非常に優れた食文化を維持しながらも、外部からの影響をいっそう強く受けている」と、マーケティング・クリニック（イギリス）の食品産業部門グローバル・コンサルタントであるクリス・ルークハーストは言う。

　この言葉に驚く人はいないだろう。これはある国や地域の代表的料理についても言える。食べ物の発祥地をめぐっては、数々の学術的議論が交わされている。

「ピザの発祥地はイタリアのナポリと言われているが、古代ギリシャ人やエジプト人はすでに、発酵させていない平らなパンに様々な具材をのせて食べていたことがわかっている。すべての料理は、どんな食材が手に入るか、外部からの影響、歴史や文化といった地域ごとの条件の中で進化してきた。そして、進化は現在も続いている。映画やファッション、果ては健康に関する格言に至るまで数多くの文化的要素が、私たちの食の選択に影響を及ぼす。文化は凍《い》てついてはいない。常に進化している。そして私たちの誰もが、その進化の一端を担っている」

とルークハーストは記している。

◇イタリアの若者のワイン離れ

進化と言えば、現代のイタリアのティーンエイジャーの嗜好も変わったようで、今やイタリア・ワインよりもアメリカン・スタイルのビールが好まれるという。ワインはイタリアに昔からしっかり根づいており、イタリア料理のメニューには欠かせない。しかし、イタリアのティーンエイジャーの嗜好は、アメリカの文化、とりわけポップカルチャーの影響を受けている、とルークハーストは述べている。

イタリアのティーンエイジャーは、親たちならワインや水を選択する場面でも、ビールを好んで飲むようになっている。アメリカン・スタイルのビールの需要がイタリアで高まるにつれて、ビール会社はそれに対応するようになった。「ビールメーカーが若年層に積極的に売り込もうとしているとは断言できないが、需要が十分に満たされていることは明らかだ」

その一方で注目すべきは、ヨーロッパの多くの国々で、ミレニアル世代をはじめとする若い世代が、親世代ほどはビールやワインなどのアルコールを飲まなくなっているという事実だ。「現代のティーン、あるいは二十代初めの若者は、アルコールの味に興味を示さない。また、親世代がティーンであった時のように、飲む必要性を感じてもいない(8)」とルークハーストは言う。

◇中国での「コーヒー戦争」と「ポテトチップス市場」

かつて中国では、コーヒーは、全く馴染《なじ》みのない外国の飲み物だった。しかし、今ではコーヒー市場は急速に拡大し、コーヒー店の激しい競争が繰り広げられている[9]。中国の国内企業も、スターバックスのようなアメリカの強豪を相手に大々的な攻勢を仕掛けている[10]。

同様に、中国の生産技術が高度化し、消費者の好みの幅が広がるにつれて、かつては存在しなかったポテトチップスの市場が過去二十年で飛躍的に成長した[11]。

スナック菓子を製造・販売する企業フリトレーは、個性的な味や、工夫を凝らした地方限定の味（アメリカ市場では、ニューイングランド・ロブスターロール、ケイジャンスパイス風味など）[12]を開発することで知られているが、中国ではドリアン（強い甘味と匂いを持つ、緑色の東南アジアの果実）風味など、消費者の嗜好に合わせたポテトチップスを展開している[13]。

◇アメリカで〝エキゾチックな味〟が好まれる理由

二〇一八年のアメリカにおける外食業界のトレンドを見てみると、アフリカ風やペルー風の味が非常に好まれたことがわかる。

その他に顕著だったのは、ラベージやレモンバームなどの珍しい香草を使った料理。チョリソー（スペイン発祥のソーセージ）入りスクランブルエッグ、ココナッツミルクパンケーキといった異国情緒あふれる朝食メニューも人気があった。また、サンバル（インドネシアの辛いソース）やスクッグ（イエメンのコリアンダーやチリを入れたソース）などのエキゾチックな調味料も多く使われた[14]。

もちろん、フードプロデューサーたちは、そうしたエキゾチックな料理に馴染みのない人たちにも受け入れられやすいように、スパイスの配合などに手を加えている。

ローマに行ったことがある人ならわかると思うが、現地で食べるパスタソースと、自分が住む地域のピッツェリアで注文するスパゲティの赤いソースは別物である。上海の街中で買う食べ物は、私たちが地元で食べる中華ビュッフェやテイクアウトのものとはかなり違う。

とはいえ、たとえ本場の味つけ、歯ごたえ、盛りつけと違いがあったとしても、見た目や味によって、その食べ物がどのようなものなのかは十分にわかる。例えば、パッケージにチリペッパーが描かれていれば、その食品は辛いもの、あるいはメキシコ風だと思うだろう。購入しようとする製品に、熟したプラムトマトとパスタの絵が描いてあれば、イタリアからの輸入品であることがそれとなくわかる。

オーガニック食品、地産地消の考察

知識や教育によっても食への嗜好は変わる。例えば、自然により近いもの、オーガニック食品、地元の産物（地産地消）が近年強く求められるようになったのは、消費者が加工食品の体に与える影響を深く理解するようなったからだ。また、「ナチュラル」と表示された市販品と、本物の自然産品の味、形状、感触との違いを識別できるようになったことも一因だろう。

例えば、加工食品はその過程でタンパク質、脂肪、食物繊維、水分、炭水化物などの栄養素が凝縮されたり失われたりする。

糖分や塩分が添加された加工食品は、その味に病みつきにさせ、過食を誘発する可能性[15]があり、食品製造業者はそのことを十分、承知している。人体には満腹になったことを脳に知らせる機能が備わっているが、食品加工業者はその機能を出し抜き、砂糖や塩の塊のような食品に病みつきにさせる方法を見つけ出したのだ。

そのせいで、私たちの味の感じ方や、味への反応の仕方が変わってしまった。多くの人（ほとんどの人がスーパーテイスターではないことを思い出してほしい）は、体が糖分・塩分の取りすぎに慣れてしまったため、本来必要とする以上の砂糖や塩を欲するように[16]なっている。したがって、一回あたりの標準量の数倍を食べるまで満足しないことは多々ある。これは、食品と風味が巧みに操られた結果なのだ。

近年、加工食品に多くの砂糖や塩が添加されていることが広く知られるようになったおかげで、消費者は、食欲が添加物に操られていることを知り、加工食品に背を向けるようになった。これは実によいことである。

しかし、糖分や塩分の過剰摂取の影響は、まだ続いている。例えば、過剰な糖分摂取に慣れすぎたことで、苦味などの他の味わい、風味が感じられなくなっているのだ。[17]（カンパリのロック、ルッコラのサラダ、菜の花のソテーなどで味わえるような）苦味をはじめとする複雑な味覚を再発見することは、五感を目覚めさせ、多様な味覚を理解するための一つの方法だ。

何を食べるか、どんな味がするか、どんな感想を持ったかといった食体験の一つひとつは、その時の気分、天候、空腹を感じた時に居合わせた場所、さらには一緒にいた人などによって決まる。(18) 味覚を発達させていく過程では、多くの要因が作用しているが、あなたは何が最も重要であるかに気づいているはずだ。

〝新風〟はこうして巻き起こされた

次にお話しするのは、食品業界で活躍する**三人の起業家**についてだ。彼らがどのようにして自分の味覚やセンスを活用し、アイデアや製品を生み出し、業界に新風を吹き込んだのかに注目しよう。

ここで取り上げる起業家たちには、食品業界にいることを除いて、互いに共通点がほとんどない。製品の小売ルートは異なるし、マーケティング戦略も違う。それでも、三人それぞれが美意識を活用して、個性的で他に類を見ない、消費者の感性に響くブランドをつくりあげた。味だけではなく、製品に関わるすべてに美意識が表われている。

さらに言えば、三人の起業家たちの美意識は、極めて独特で差別化された嗜好に基づいていたのだ。

①ベン&ジェリーズ――〝常識〟をひっくり返したアイスクリーム

近年、食料品店やファーマーズ・マーケット、地元のアイスクリーム店に行くと、職人が丹念につくったあらゆる種類のアイスクリームやジェラートが一パイント（四七三ミリリットル）のかわいらしい容器に入って売られているのをよく見かける。

フレーバーは、ハイロードクラフトアイスクリームのバーボン・バーント・シュガー[19]から、ジェラートフィアスコのワイルド・メイン・ブルーベリー・クリスプ[20]、ヴァン・ルーウェンのカラマンシー・アンド・メロンソルベ[21]、ミルクメイドのパイン・ニードル[22]に至るまで、多様なものが市場に出回っている。

ここに挙げたのは、過去十年に市場に参入したブランドのほんの一部でしかない。今や小ロット生産のエキゾチックなアイスクリームは、星の数ほどある。これらのブランドは、それまでの甘いアイスクリームの定型を破って基準を引き上げ、そのため大企業は（いまだ冷凍デザート市場を牛耳っているものの）いっそう努力を重ねざるを得なくなった[23]。

インドのスパイスが利いた生姜《しょうが》のアイスクリーム[24]やタイ発祥のロールアイス[25]ほどエキゾチックではないとしても、業界の大物であるターキーヒルがデコレーションケーキ[26]、そして老舗ブレイヤーズがバタースコッチ・ブロンディ[27]といったユニークで、ちょっとした賭《か》けでさえあるミックスフレーバーを発売したのは、市場の潮目が変わった証だろう。

以前、アイスクリーム業界は比較的静かだった。ハーゲンダッツが究極の高級アイスクリームブランドだった時期もある。このブランドはポーランドからの移民である、ローズとルーベンのマタス夫妻がブロンクスで立ち上げたのだが[28]、そのブランド名が洗練されて異国的であったので（見慣れない発音記号äのせいでもあるが）、どことなく北欧風のイメージを与えた。ハーゲンダッツのバニラ・スイス・アーモンド[29]は濃厚でクリーミーだ。冷凍食品売り場にずらりと並ぶ、チョコレート味やストロベリー味の大型お徳用パックのアイスクリームとは大違いだった。ハーゲンダッツは当初、一パイント入りのものしかなかったが、それでも贅沢感があった。そして実際に贅沢品だった。

その後、一九七七年に登場したのが、**ベン&ジェリーズ**だ。**ベン・コーエン**と**ジェリー・グリーンフィールド**は、ともにニューヨーク州ロングアイランド出身で、幼なじみ。二人は何かのビジネスを始めたいと思い、まずはベーグルを考えたのだが、機器があまりに高価だったため、アイスクリームを選択した。ビジネスの拠点として選んだのは、奇妙にも、夏が驚くほど短く、冬は厳しく長いバーモント州だった。

その年、二人はペンシルベニア州立大学のクリーマリー（バーキー・クリーマリーとも呼ばれ、アイスクリームをはじめとする乳製品の開発・製造を教える食品科学部）でアイスクリーム製造の課程を履修した。

ベン・コーエンには幼少の頃から重度の嗅覚障害があった。それは食品ビジネスにおいては不利で、困難が待ち受けているのは明らかだった。[30] だからこそ、食材や製品の「口当たり」や「質感」といった、様々な刺激を識別する自分の味覚に頼った、とコーエンはのちに述べている。結局、それが二人のフレーバー開発において極めて重要な役割を果たすこととなったのは間違いない。

二人は、大手のアイスクリームメーカーと激しく競い合うつもりはなかった（とはいえ、二人の会社は二〇〇〇年にユニリーバに買収された後、冷凍スイーツ業界の主要プレイヤーとしての地位を手に入れた）。しかし、二人のブランドの独特な魅力に消費者は惹きつけられた。

当初、バーモント州バーリントンのガソリンスタンドの跡地に小さな店を構えて販売していたが、一九八〇年にはすでに町の古い糸巻き工場に場所を借りてアイスクリームを一パイント容器に詰め込み、ニューイングランド周辺地域に配送するようになっていた。それから四年も経たないうちに、まだ新興企業であったベン&ジェリーズはハーゲンダッツに目をつけられ、ボストン市場への進出を妨害されるようになる。一九八四年と一九八七年の二度、やむをえずハーゲンダッツの親会社であるピルズベリー社を相手どって訴訟を起こした。[31]

それではなぜ、ベン&ジェリーズのアイスクリームはそれほどまで消費者にうけたのだろう？　そして、なぜ競合相手たちを恐れさせたのだろうか。

コーエンは不利を逆手にとり、他に類を見ないフレーバーを創出した。

嗅覚障害を持つゆえに、舌で楽しめるような大きな塊をアイスクリームに投入したり、ベースのアイスクリームに少し風変わりな素材を入れて、それまでになかった味の組み合わせ（しょっぱさと甘さ、なめらか感と歯ごたえ感）を編み出したりと、アイスクリームの形状や食感のそれまでの常識をひっくり返した。

ベン&ジェリーズは、当時としてはユニークな食感の製品をつくり、ポップカルチャーや政治的信念を反映させた一風変わった名前をつけた。チェリーガルシア、チャンキーモンキー、トリプル・キャラメル・チャンクは、ネーミングからして味わい深そうで、食べる前からわくわくしてくる。パッケージデザインは手描きで、気取らない雰囲気のものだった（それは今でも変わらない）。

コーエンは自らの「声」をパッケージデザインや広告、マーケティング、販売促進に反映させた。言葉を慎重に選び、語りかけるような文体を用いることで、消費者に新鮮な、それまでなかったような印象を与えた。

「ホームメイド」と「バーモント産」であることは企業の信条――小さな地元農家による少量生産、自然で高品質な材料だけを使用した製品――を伝えていた。そして今日の市場には同様の信条が広く根づいている。

ベン&ジェリーズは二〇〇〇年にユニリーバの傘下に入り、それから時がかなり経ってはいるが、今でも斬新でありながら庶民的で親しみやすいイメージを保っている。それは間違いなく、フレーバーのネーミング、マーケティングキャンペーン、パッケージのユニークさによる。

②チョバーニ——異文化を織り込んだヨーグルト

すべての始まりは、**ハムディ・ウルカヤ**のもとを訪ねてきた父親のひと言だった。ウルカヤはクルド人移民で、当時はニューヨーク州立大学オールバニ校（ニューヨーク州北部）に在籍していた。ウルカヤがアメリカに来たのには、いろいろと事情があった。トルコにある実家はチーズ製造農場を営んでおり、ウルカヤは子どもの頃から羊や山羊《やぎ》の飼育を手伝っていた[32]。しかし、その故郷で政治問題が激化するにつれ、国外での生活を望むようになる。そしてアメリカは新しい人生を歩むには最適の地であると思った。

二〇〇〇年代の初め、ウルカヤの父親はアメリカにいる息子を訪ねた折、フェタチーズ（羊、あるいは山羊の乳からつくられるチーズ）を食べ、全く味がないと感じた。そこで長年のチーズ製造の経験から、二人の息子（ウルカヤと、同じくアメリカに移住していた兄弟の一人）に、二人ならもっとおいしいものがつくれるはずだと言った。

高品質のチーズを輸入販売することも考えたが、それには費用がかかり実現が困難である。また、実家がチーズ製造業を営んでいるため、ウルカヤにはその知識がある。そこで、新世界で祖国の製造技術を使ったらどうかと思い立った。二〇〇二年、ウルカヤ兄弟は、ニューヨーク州ジョンズタウンでユーフラテスというチーズ会社を設立。会社はわずか数年で、小規模ではあるが、チーズ製造業者として成功を収めた[33]。

しかし、すべきことはまだ残っていた。ウルカヤは、アメリカのヨーグルトも品質を向上させなくてはならないと思っていた。水っぽくて味が薄く、甘すぎる。当時、市場に出回っていたヨーグルトはプリンのような味で、自分が子どもの頃から親しんでいた新鮮な食感のヨーグルトとは似ても似つかないものだった。

また、当時のアメリカのヨーグルトは、その三十~四十年前に生産されていたものとも味が異なっていた。三十~四十年前に生産されていたものはクリーミーで酸味があり、ウルカヤがヨーグルトだと認めるものにより近かった。ウルカヤは、ヨーグルトの味を本来のものに戻そうと決心する。

二〇〇五年、ニューヨーク州北部の景気が沈滞していた頃、ジョンズタウンから六十マイル（約九十七キロ）ほど離れたサウスエドメストンで、クラフトフーズが工場を閉鎖し、設備が整ったヨーグルト工場が売りに出された。工場閉鎖は町にとってはショッキングなことだったが、そのおかげでウルカヤは工場を買い取り、すでに経験を有する地元の労働力を確保し、ヨーグルト製造を始めることができた。(34)

故郷の技術によって製造したウルカヤのヨーグルト、**チョバーニ**は、アメリカの市場で知られているどのヨーグルトよりも濃厚でクリーミー、甘さは控えめだ（もし運がよければ、地産品マーケットやファーマーズマーケットで、質のよい少量販売のヨーグルトに巡り合えるかもしれないが）。

ウルカヤのヨーグルトは、濃厚な舌触りのギリシャスタイルだ。自然な（甘さ控えめの）味わいで、アメリカのヨーグルトのあり方を変えた。小売店の棚には、パイナップルやマンゴーやチェリーなどを描いたチョバーニの真っ白い容器が並ぶ。このウルカヤのヨーグルトブランドであるチョバーニは、市場に出てから五年で十億ドルを超える利益を上げ、最も成功を収めた新興企業の一つに名を連ねた。

③カインド――〝人とのつながり〟を生むスナック

スナック菓子メーカー、**カインド**の創業者、**ダニエル・ルベツキー**のストーリーは、心にしみる。

ホロコーストを生き延びた親を持つルベツキーは、二〇〇四年、世界に「カインドネス（思いやり）」を広げることを目的に、健康によいスナックを提供する会社、カインドを設立。会社はたちまち成長を遂げた。約二千種類もある栄養バー製品の中で、最も売れ行きのよい上位十種類のうち六つがカインドのバーだ。

今やカインドはアメリカにおいて、最速で成長を遂げた栄養バーのブランドになった。二〇一七年、世界最大のスナックメーカーであるマースは、カインドに四十億ドルの価値があると評価して資金を投入している。

カインドの成功の一端は、ルベツキー自身の信条、「カインドネス（思いやり）を広める」にある。ルベツキーのブランドは、創意に欠ける競合相手との違いをはっきりと示しただけではなく、**消費者とのつながりを意識**し、彼らと対話することに積極的に取り組んだ。

カインドの戦略の一つに、従業員が街中で思いやりあふれる行動をした人にプラスチックカードを配布する、というものがある。地下鉄で席を譲る、高齢者が道路を横断する手助けをするといった親切な行為をしている人を見かけたら、従業員は「社会への親切」カードを手渡す。その後、カインドはその心優しい人たちに、カインドバー二本と、もう一枚の親切カードを送付する。そのカードは、その親切な人から、また別の親切な行ないをした人へと渡されていく、という仕組みだ。

また、カインドは「営利企業の社会貢献活動」(not-only-for-profit)という方針を掲げ、地域社会に報いるプロジェクトを立ち上げる消費者に何千ドルもの資金を提供してきた。

マーケティングのメッセージや戦略以外でも自社の差別化を図った。カインド製品のパッケージは、中味が見えるようにデザインされている。製品は透明なプラスチックで包まれているため、消費者はナッツやドライフルーツの塊を目で確かめ、食べる前に素材の質感を目で味わうことができるのだ。

カインドが成功した理由に、アメリカ人の食習慣の変化にうまく乗ったことがある。しかし、ただ単に運がよかったというだけではない。美意識をもって消費者の感性にアピールし、彼らの食の嗜好を変えたのだ。一九九〇年代と二〇〇〇年代初期には、栄養バーは特別な食品と考えられていて、マーケティングの主な対象はアスリートや食事制限中の人だった。現在では、ごく一般の消費者にも栄養バーは広まり、誰もが健康的で、手軽なスナックを求めるようになった。保存料不使用、中身が見える透明ラベルというのもトレンドになっている。

二〇一三年には健康志向のバーを食べるアメリカ人が、二〇〇三年に比べておおよそ二千七百万人増加した。カインドは、天然素材を使った製品をつくるだけでなく、さらにブランドの美意識を効果的に伝えることで、消費者の要望に応えている。

実は私は、他のスナックバーに比べてカインドバーの品質が、特別によいとは思わない。みな同様に糖分を多く含んでいて、「健康的」とはとても言えないからだ。しかし、カインドバーは**「ピュア」や「ありのまま」といった健康を表わす言葉と非常に巧みに結びつけられている。**

カインドバーの材料はひと目でわかる。宝石のように大粒のナッツや果物、チョコレートが整然と並び、見る者の食欲をそそる。バーには材料がびっしり詰まっているが、その一つひとつが何なのか、ひと目ではっきりとわかる。パッケージを開ける前に、アーモンド、クランベリー、チョコレートを目で楽しみ、どんな味わいなのかを容易に想像できるのだ。その見た目は、ネーミングにも反映されている。

ベン&ジェリーズとはここが違う。ベン&ジェリーズのアイスクリームには、常識を覆《くつがえ》すような面白い名前がつけられているが、カインドは単純に材料をそのままバーの名前にしている。例えば、アプリコットとアーモンドが含まれているなら「アプリコット・アンド・アーモンドバー」。「アプリコット・クランチ」などとひねってはいない[35]。

ハーバード大学はなぜ「レストラン批評」を課題に設定するのか

「食」にもっと意識を向けられるように自分を鍛えることだ。そうすれば、自分がどのように味を感じているのか、そしてそれはなぜなのかがわかり、食体験の幅がもっと広がるだろう。

食体験に意識を集中させればさせるほど、その体験を良質なものにする、あるいは悪くする決定的な要因に気づくようになる。外食する機会がよくあるなら、考えてみてほしい。口にするものに細かく注意を払うことが、どれほどあるだろうか？

私はハーバード大学の学生に、レストラン批評を課題として与えた。レストランを一つ選び、そこでの食事体験について、そのレストランを全く知らない読み手がまるで実際に体験しているかのような気分になるように描写する、というものだ。

ポイントは、最も特徴的で注目に値するところに焦点を当てて、できるだけ具体的に書くことだ。意識して食事をすることで、いかに多くの発見があったか（どのような場にいると居心地がよいのか、悪いのか）、そして味覚以外の刺激（照明や換気、音響の質など）がいかに食の味わいに影響を与えたかに、学生たちは驚いた様子だった。

批評を書く前の準備段階では、いわゆる**「感覚監査」**を実行することを学生に提案した。この監査では、レストランの環境に数分間すべての感覚を集中させ、感じ取ったことをできるだけ多く書き留めてもらう。この作業をする時、学生たちが言葉や概念ばかりに気をとられがちであることを私は知っていた。だが、ここではむしろ、今自分が身を置く環境を五感で感じ取ること、環境が五感や体全体に及ぼす影響を理解することが大事なのだ。

五感で感じ取ったことをすべて書き出したら次のステップに進む。つまり、五感から得られた感覚が、どのように食事体験に影響を及ぼすかについて体系化し、ポジティブなもの、ネガティブなものの双方について、「とりわけ印象深い、注目に値する、意外」などといった具合に、重要なものから順に並べていくのだ。食事体験の良し悪しを左右する「最も強力な要因」が明快になれば、批評は一ページにまとめられるだろう。

いったん第一稿を書き終えたら、一日か二日、あるいは少なくとも数時間はそれを寝かせるように指示した。しばらく時間をおいた後、他に加えるべきことがあるかどうかを自問してみる。印象や意見は変わっただろうか？　前回に書き忘れたことはないだろうか？　自分の感覚に意識を傾けた時、どのようなことに気づいたか？　そして、そこから何を学んだか？

興味深いことに、批評に視覚的な心象を加えた学生は一割にも満たなかった。大多数は典型的なビジネス・スクールのレポートだった。つまり、慎重に言葉を選び、文章構成は考え抜かれているが、文字以外の情報伝達手段（画像や、色見本、音の描写など）は全く取り入れられていなかった。

レポートを評価する際、私は学生たちに、体験を他者に伝える際には、視覚的なツールも活用するようにと伝えた。例えばレストランの雰囲気に合うフォントを選んだり、レストランの最も人目を引くところを映した写真（例えば、混雑具合、空間デザイン、料理など）を取り入れたり、という具合にである。そして、私は学生に、「五感から得られた感覚が、体験にどのように影響を及ぼすか」を探るアプローチを、人生や仕事のその他の側面においても調べてみるように促した（そして、読者にも、お勧めする）。

ここまで味覚を通して美意識を広げていくことについて言及してきたが、服の着こなしや自分のスタイルについて考えることも同様に、あなたの審美眼を養い、美意識を磨いていくことにつながる。あなたは毎日、着るものを選ぶのに時間をかける人だろうか。トレンドを追いかける人、あるいは自分だけの独特のスタイルを追いかける人かもしれない。それとも、見た目よりも機能を重視し、スティーブ・ジョブズが黒いタートルネックとブルージーンズをユニフォームのように着ていたように、見た目よりも機能性や手軽で便利なことを重視するだろうか。

どのようなファッションでも構わない。要は、あなた自身のスタイルを磨く方法を見極め、マスターすることだ。そうすれば、美を理解する能力、すなわち「第二のＡＩ」の力を高めることができるだろう。

Chapter

6

「知的センスのいい人」が実践していること

……いかに自分を演出するか、表現していくか前章では、料理や味わいといった観点から審美眼やセンスについて述べた。しかし、美意識とは、五感のすべてを理解することである。特に五感の各感覚によって、ある感情――特に好ましい感情――が、どのように、そしてなぜ引き起こされるのかを理解する知性のことだ。

本章では、あなたの個人的な側面――つまり、あなたの外見やスタイル（もっと具体的に言えば、何をどのように着こなしているか）を通して、あなたがどのように美意識を養い、体現することができるか（というよりも「すべき」か）を考えてみよう。

つまるところ、**優れた審美眼やセンスは、人の内面から出てくる**ものだ。そして、優れたスタイルは、私が**「4つのC」**と呼ぶ特徴を持つ。**明快さ**（clarity）、**一貫性**（consistency）、**創造性**（creativity）、**自信**（confidence）である。

あなたの外見や印象は、自分が何者であるか、何に価値を置いて生きているかを明確に感じさせるだろうか。また、「内面性」は目に見える形で表現されているだろうか。他の人は、あなたのスタイル、もしくはファッションの目印、あるいは3章で前述した「コード」と、あなたのことを結びつけて考えるだろうか。

創造性は、独自色の感じられるコードの中にこそある。あなたの「唯一無二」は、あなただけの目印として認識されるものだろうか。そして、あなたを最もはっきりと象徴するコードは、個性的で、独自性に富み、印象的なものだろうか。

「4つのC」を意識していくと、あなたのパーソナル・イメージを強固にするだけでなく、ビジネスで利益を生み出すための知識や技能を手にできるだろう。

戦略的に「見た目を整える」重要性

「ファッション」はうわべだけの軽薄なもの、あるいは自由気ままなものと見る人が多い。何を着ようかとあれこれ考えるのは、「贅沢な悩み」と思われがちだし、衣服にお金をかける余裕のない人に配慮していないかのようにも受け取られる。

しかし、私の経験から言うと、人一倍スタイリッシュな人がお金持ちとは限らない。むしろ、あまりに裕福だと、より望ましいスタイルをつくるために工夫したり、折り合いをつけたり、自制心を保ったりする能力――つまり、優れたスタイルをつくりあげるための三つの基本要素――が乏しくなる。

自分のスタイルを追い求めるのは、社会の特定の集団（例えば、大都会に暮らす流行に敏感な二十代の人たち）だと思うのは、早計だ。階層、文化、老若男女を問わず、すべての人が自分の容姿に関心を持ち、実際にユニークで魅力的な自己表現をしている。

身を飾るのは、人間の本能だ。タトゥーやピアス、宝飾品、色彩豊かな布など、様々な手段で自分を飾るのは自己満足のためでもあり、他人の注意を引きつけるためでもある。人は、自分を差別化し、美に対する自身の考えを表現し、自分の地位あるいは理想像を誇示したい。装飾品は、そのような欲望の象徴で、はるか古代からそうだった。

二〇〇四年、貝殻のビーズがモロッコの四カ所の発掘現場で発見された。それらは、人はすでに八万年前に装飾品を身につけ、しかも装飾品を売買していたことを示す有力な証拠だ。その後、アルジェリア、モロッコ、イスラエル、南アフリカで発掘された装飾品は十一万年前のものと推定され、個人用装身具としては最古のものとなっている。装飾品を身にまとう伝統は様々な文化に共通し、幾千年もかけて継承されてきたのだ。[1]

「スタイル」が生まれる瞬間

どのように装うのか、またアクセサリーをつけるか否かは人それぞれ、好みによる。計画的であろうとなかろうと、私たちの選んだ服装はどのようにして「スタイル」と呼ばれるものになっていくのだろうか。

私は、とても意図的に身につけるものを選び、長い年月をかけて自分のスタイルを磨き、修正し、進化させてきた。私は自分のスタイルを「二世紀にわたる二都物語」と呼んでいる。というのも、私は服やアクセサリーを介して、二人の祖母に大きな影響を受けているからだ。祖母は二人とも二十世紀初めに中央ヨーロッパで生まれ育ち、彼女たちの美意識は、栄華を極めたハプスブルク帝国のエスプリから大いに影響を受けた。

私は若い頃、自分のスタイルに祖母たちからの影響が及んでいることに無自覚だった。しかし、私が華やかなもの、フォーマルで上品なものに惹かれるのは、二人の祖母がイスタンブールの華麗で芳醇な東洋文化の気配に満ちたウィーンやフランクフルトという環境の中で育ったからだと理解するようになった。

また、私は、ハンドメイドのヴィンテージ品に目がない。高い専門技術を持つ職人が手がけたもの、製作に技と時間を要するもの、見つけるのが難しく、永く生き続けるものに強く惹かれる。古きよき時代のヨーロッパ製品は、そうした性質を備えている。

「二都」のうち、ヨーロッパが私の原点の一つだとすると、もう一つは生まれ故郷であるニューヨークだ。私は生粋《きっすい》のニューヨーカーで、他のいくつかの都市でも何年か暮らしたが、ニューヨーク以上に心の休まる場所はない。だから、ごく自然に、ニューヨークの街のようにかっこよく、現代的で、大胆でセクシーなものに魅了される。

好む服のシルエットは、構造的で彫刻的なもので、なおかつ華麗で着心地がよくゆったりとしたもの。私は、目立つことを恐れない。というよりは目立ちたい。何しろニューヨークで注目されるには、それなりの努力を要するのだから。そして何よりも、ニューヨークの街のように、ユニークなもの、楽しいものが好きだ。驚くことにも、驚かせることにもわくわくする。

遊び心も忘れたくない。だから、私は風変わりな小物を重ねることも多々ある。例えば、透明のアクリル樹脂のバングル（留め具のついていないブレスレット）、バックルが唇の形をした赤いベルト、シャンパーニュクーラー形のクラッチバッグ、ピンク色のファーの襟《えり》などをディオールの黒革のAラインのドレスのようなクラシカルな服に合わせるといった具合だ。

「好き嫌い」の奥にある文化的背景とは

あなたのスタイルには、あなたが好きなもの、憧れるもの、魅力的に感じるものだけが表われているわけではない。つまり、こちらのほうがより重要なのだが、あなたの置かれた環境、決定的に影響を受けたもの、文化的な背景をも反映している。大切なのは、なぜ自分はあるものに惹かれてしまうのか、そしてあるアイテムを身につけたいのか、あるいは身につけたくないのかを理解することだ。

私が現代のニューヨークや古いヨーロッパと密接につながっているように、あなたの服の好みを形づくっているのも、文化的な影響かもしれない。誰かの装いを高く評価しながらも、自分は全く別の装いをすることもある。身につけた時に自分らしいと思えるもの、快適だと感じるものを自分のスタイルの基盤とすべきなのだ。

自分のスタイルを分析するために、自分を取り巻く環境にもぜひ目を向けてほしい。自分の人生に影響を及ぼしているのは誰か？　理想とする、あるいはお手本とする人は誰か？　いつどこで育ったのか？　あなたの価値観がつくられ、心が癒され、元気をもらえた出来事は何か。あなたを白けさせた外的要因は何か。

私が大人の仲間入りをしたのは九〇年代で、アメリカで「グランジ」（古着や色落ちした服を着くずしたり重ね着したりするスタイル）がファッション・トレンドとなっている頃だった。だが、私はそのようなストリート系ファッションが嫌いだった。汚らしくてだらしなく、無頓着に思えたのだ。現在に至るまで、私の持ち物の中にグランジ的なアイテムはきっと一つもない。それどころか、私が選ぶものは、おおむねグランジとは正反対だ。同じことは八〇年代の「パンク」ファッションにも言える。

先ほど述べたように、私は注目を浴びたいがために人目を引く格好をする。それが私には一番しっくりくる。私の友人には、もっと保守的な装いを好み、周囲に馴染むような着こなしをする人もいる。それが彼女たちにとって自分らしい、心地よいスタイルだからだ。友人たちの好みはすばらしいし、見るからに高価で、品がよい。

とはいえ、私はそれを真似したいとは思わない。私もかなわないほど様々なスタイルを折衷《せっちゅう》させたファッションを楽しむ友人や同僚もいる。あらゆる色や柄を混ぜ合わせ、私にはやや度が過ぎているように思えてしまう。その独創性と勇気には敬服するが、やはり真似しようとは思わない。

「何を選び取るか」には、深い意味がある

ファッション業界には、奇抜で人並外れた個性の持ち主はいくらでもいるが、**アイリス・ア**

プフェル以上に大胆な人はいないだろう。

アプフェルは一九二一年にニューヨークのクィーンズ地区で生まれ、デザインやファッションなど、多方面で活躍してきた。

彼女のキャリアは『ウィメンズ・ウェア・デイリー』誌で始まった。結婚後、夫と二人で世界旅行を楽しんでから二年後の一九五〇年、アプフェルは夫とともにテキスタイル会社、オールド・ワールド・ウィーヴァーズを設立。同社は小規模ながら、世界中から珍しい手織りの布地を集め、のちにアンティークのテキスタイルを細部に至るまで精密に再現する事業で成功し、業界で評判の高い企業となった。

しかし、何よりもアプフェルの知名度を上げたのはおそらく、彼女の大胆で斬新、奇抜なファッションだろう。アプフェルと言えば、羽毛のストール、凝ったデザインのコートやショールを身にまとい、大ぶりの宝飾品を重ねづけすることでよく知られている。巨大な丸メガネも彼女のトレードマークだ。近年他界したデザイナー、トニー・デュケットのモットーである「モア・イズ・モア」をまさに体現している。アプフェルはバービー人形の最高齢モデルにもなったほどだ。[2]

私はアプフェルの、大胆で創意工夫に満ちたスタイルには脱帽するが、そのスタイルは私には似合わない。彼女が身につけるアイテムは私には不釣り合いなのだ。メガネやイヤリングやバングルは大きすぎるし、色彩は派手すぎて威圧的だ。しかし、実際に身につけることはないにしても、アプフェルのスタイルから学ぶべきことは実に多い。

彼女の装いの好みやチョイスは、彼女自身のルーツ、生まれ育った場所や時代背景などの地理的・時間的要因、そして彼女の個性が合わさって、出来上がったものなのだ。幼年時代、ロシア人の母親がニューヨークで経営していたブティックでの思い出も大きく影響している。アプフェルは自分がアクセサリーを愛してやまないのは母親の影響だと思っている。一九二〇年代、三〇年代のブロンクスで一人っ子としてのびのびと育ち、インテリア・デザイナーとしてのキャリアを歩み始めた。

私が思うに、アプフェルは自分の体を部屋に見立て、自分らしさを表現するために数々のアイテムや色を重ねていったのだろう。アプフェルの装いにはストーリーがある。彼女は大胆不敵で型破りであり、美意識を伸長させる見事な素質を備えていた。さらに、アプフェルが意気揚々と大きな夢に向かって走り出した時、移民家庭出身で労働者階級である多くのニューヨーカーと同じく、お金もコネもなかった。

自分にしっくりくる服装を身につけるためには、決断しないといけないことがいくつもある。そこに正解、不正解はないが、唯一の正しくないことといえば、自分の身につけるものに全く気を配らないことだ。しかし忘れないでほしいが、何も意識せずにファッションを選ぶことなど、実際にはない。ファッショナブルさに欠けるとしても、あなたが着るものには必ず意味があるのだ。

他の人と自分を差別化するために、必ずしも高価なものやトレンドの服を身につける必要はない。着るものを思慮深く選び、独自のスタイルをつくりあげればよい。そうすれば、あなたの美意識は研ぎ澄まされ、あなたは他の人にはない輝きを放つようになる。それが他の人の好みに合わないとしてもだ。

個性的なスタイルとは、社会においても、仕事のキャリアにおいても「本物の通貨」となるものであり、ファッションショーのランウェイを彩る服や流行の服、あるいは親友が着ている服を追従して着ているだけでは、決して確立できないものだ。

「波長を合わせる力」の生かし方

言葉によるコミュニケーションに頼らずとも、動作、表情、目配せ、眉《まゆ》の動きなどによって私たちは互いに波長を合わせることができる。ヨガ教室でポーズをとっている時、公園でジョギングをしている時、書店で本を選んでいる時、その行為に深く集中していると、私たちは、それらの体験と完全に一つになっている、つまり波長が一致している。

食事をする時においても、ワインが料理の味にどう影響するか、周囲の雰囲気——例えば照明、テーブルセッティング、音楽——が、食事体験にどのような影響を与えるかということを理解できるのも、私たちに波長を合わせる能力があるからだ。

個人のスタイルとファッションにおいて波長を合わせるとは、自分のスタイルとは異なる色、素材、着心地の服を着た時に、自分がどのように感じるかに注意を向けるということだ。

今日、波長を合わせるということを表現したい時、私たちは「今の瞬間を生きる」とか「今に意識を集中する」という言い回しを使う。例えば、夏の暑い日、ビーチに寝転んでいれば、肌には太陽の温もりを、足にはザラザラした砂の感触を感じるはずだ。潮の匂いも鼻孔をくすぐるだろう。ほとんどの人は、こうした感覚を喜びとともに思い出すだろう。だが、水着が濡れて体に張りつく感触や海水を飲み込んでしまうという全く不快な体験とともに思い出す人もいる。

このように、物理的環境やそこから受ける感覚に自身の波長を合わせていけばいくほど、美意識の土台をより強固なものにすることができるだろう。

個人のスタイルやファッションに波長を合わせる時には、まず自身の体型に敏感になることだ。服を身につけた時、どんな姿に見えてほしいのか？　それによって選ぶ服の形やシルエットが決まるはずだ。どんな色や柄を選ぶべきかも見えてくる。どんな着心地を期待するのか？そう問えば、選ぶべき素材や質感、フィット感なども決まるだろう。

私自身、自分のスタイルを追い求める中で、多くのファッションを体験してきたが、その一つひとつから力を得て、ついには終着点まで辿り着くことができた。

十六歳の頃、大学生になった時の自分の姿を想像し、清潔感が漂う、洗練された優等生というような服に憧れた。その時おのずと思い浮かんだのが、紋章のついたセーター、丸襟の白いシャツ、ペニーローファー、カーキ色のスラックスというプレッピー・スタイル（名門校のお嬢様風）だ。でも、どうも自分の好みのスタイルではないように思えた。しかし、その理由を解明するには、実際にそのファッションを試してみなければならない。

幾度かプレッピー・スタイルを試してみて思った。まるで駄目だ。私らしくない。堅苦しい。やぼったい。全くセクシーじゃない。つまり、それらは私が望まない服装、とりわけ親の監視下から離れ、晴れて自由な大学生になった時には絶対に着たくないものだった。

ここで、はっきり自覚したことがある。それは、月並みなプレッピー・スタイルとかアメリカーナ・スタイル、いうなれば典型的な清教徒の勤労モラルを匂わせる装いは、私のスタイルでは全くないということだ。私はそのような古きよきアメリカ風スタイルを好まないし、表現したいとも思わない。格子柄のフランネルのシャツ、ブルージーンズ、スペリーのデッキシューズ。あるいは、ウエストラインが隠れるピンクとグリーンのシフトドレス（例えばリリー・ピュリッツァーのドレス。彼女には敬意を払っているが、そのスタイルは好きではない）。そして、シェットランドウールのセーターやペニーローファー。実のところ、他の女性がそれらを身につけているのを見るのもあまり好きではない。それなのにどういうわけか、男性が古きよきアメリカ風の装いをしているのを見ても、さほど気にはならない（その違いは注目に値するだろう。私の美意識には、まだ未知の領域があるらしい）。

ラルフ・ローレンとトミー・ヒルフィガーの「アプローチの違い」

興味深いことに、デザイナーの**ラルフ・ローレン**は、アメリカーナ・スタイルやプレッピー・スタイルに新たな息吹を吹き込み、スタイリッシュに変えた。色の組み合わせ（赤・白・青、もしくはピンク・緑）、テイラーメイドの美しいライン、糊《のり》の利いたぱりっとしたリネンやコットンなどの素材は、従来の伝統的なスタイルにセクシーさ、高級感、現代性をもたらした。一方、**トミー・ヒルフィガー**は、これらの伝統的スタイルに対して、都会風のアプローチをとった。どちらのデザイナーのアプローチも効果的だし、デザインは現代的かつ魅力的であり、羨望《せんぼう》を集める。つまり**アイコニック**なのだ。二人はブランド構築において美意識を活用し、伝説的なステイタスと成功を手にした起業家の模範例だ。

ラルフ・ローレンの場合には、上品なWASP《ワスプ》（保守的な白人エリート層）に見られたい人、そして洗練されて粋でありたいと望む人たちを魅了した。トミー・ヒルフィガーは、クールでありながらも親しみやすく、品よくありたい都会の男性たちを惹きつけた。

五感から得られた刺激と、そこから引き出される感情の影響に波長を合わせることができたら、美意識を磨くための次のステップへ進む準備が整ったといえる。つまり、「アーティキュレーション」だ。この「アーティキュレーション」という言葉が意味するのは、あなたの審美眼と理想を感じさせる言い回し、表現方法、行動や態度によって、あなたという人間を明確に表現する、ということだ。アーティキュレーションについては8章で詳述するが、この章のテーマに沿って言えば、実際に何を着るべきか、どのように身にまとうか、ということである。

才能があれば何でも許される？

ドレスコードは、ほぼどんな場面でも存在する。オフィスでも（時に従業員ハンドブックで規定されることすらある）、カジュアルなパーティやフォーマルな（「ブラックタイ」の）パーティにも、結婚式にも葬式にもドレスコードはある。

多くの場合、ドレスコードは文化やその場に集う人の気持ちを配慮して決められるものだ。例えば、葬式で襟ぐりが深いイブニングドレスは着ないだろうし、結婚式には（自分が花嫁でない限り）白のドレスを着ないだろう。

ファッションコードは、ブランドコードと同じような働きをする。オフィスではスーツあるいはジャケットにシャツを身につけ、週末はTシャツやセーターで過ごす人が多いだろう。フォーマルなイベントに出席する場合にはおそらく、私がコスチュームと呼ぶもの（色が派手で輝きや光沢のあるドレスと多くのアクセサリー）を身につける。

服を選ぶ時、私たちは「ユニフォーム」と「コスチューム」という二つの全く違った観点を用いている。スーツを着ている男性を見かけたら、多くの人は、彼はきっとオフィスワーカーだと思うはずだ。「事務職」もしくは「営業職」か「管理職」かもしれない。ユニフォームというのは、私たちが毎日着るものを指す。ネクタイの色や靴は様々だとしても、ユニフォームに意外性はなく、外面的なドレスコードを強化する一方で、多くの場合、個人のコードやスタイルを弱化させる。

週末の装いも、場合によっては、ユニフォームのカテゴリーに入るだろう。役員会議に着ていくようなものを、土曜日の朝、近所に用を足しに出かける時に着ることはない。とはいえ、週末の服装も様々で、着る人のステイタスや個性が識別できるコードがある。ブルックス・ブラザーズのポロシャツとカーキ色のスラックスを身につける人は、格安中古品店で買ったロックグループのTシャツと破れたジーンズを着る人とは異なる雰囲気を持つだろう。

一方、コスチュームは、おそらく土曜日の夜のデートや外出で着るものであり、それもどのようなシチュエーションであるかによって何を着るかの判断は変わるだろう。

そうはいっても、私にしてみれば、ほとんどのドレスコードはうっとうしい。なぜなら、自分が意図していないメッセージ（順守、ためらい、恐れ）を発してしまうことが多々あるからだ。

パーティに招待した人に、ドレスコードを尋ねられることがたびたびあるが、私は決して答えない。たいがいの人は周囲にうまく馴染んで「相応」でありたがる。他人に快く思われたいのだ。そうしたい気持ちは、もちろんすばらしい。ホストや他のゲストへの思いやりの表われなのだから。しかし、多くのドレスコードは廃止されるべきだと私は思う。

ドレスコードが問題なのは、権威のある側がそれを設定しているということだ。それよりも、もっと個人のよさを表現できるような、別のコードを考えたほうがずっと有益なのではないだろうか。何がふさわしく、何がふさわしくないのかは、名なしの誰かの基準で独裁的に決められるべきではない。

私がエスティローダーで働き始めたのは一九九〇年代だが、当時でさえ女性幹部がパンツスーツを着用することは、よく思われなかった。私にはそれが皮肉に思えた。エスティローダーは現代女性のために、現代女性によって設立されたのだ。だから、私は「女性幹部はパンツスーツを着用しない」というコードを拒んだ。

同じように、「カジュアル・フライデー」(ビジネスカジュアルの服装を認める日)も廃止すべきだ、と私は考えている。カジュアル・フライデーは、定義が曖昧だし、創造性やスタイルを持つ人たちから何かを奪い取る。そのような人たちの自己を表現する力、個性を伝える力を抑圧してしまうのだ。

ドレスコードを壊すことは、あなたの才能や個性を伝える一つの方法である。それをやってのけたのが、建築家の**ピーター・マリノ**だ。

自称「革をまとった建築家」のマリノは、シャネル、ルイ・ヴィトン、ディオールが世界中に展開するブティックの多くをデザインしている。マリノが一流のインテリア・デザイナーだと知らない人は、無数のタトゥーを彫り、黒い革製品に身を包む彼を見て、一九八〇年代のニューヨークのダウンタウンにあったレザーバー(黒革を着た人たちが集まる飲み屋)の光景を思い浮かべるだろう。[3] しかし、それこそがマリノの狙いなのだ。

彼いわく、実はその見かけは「おとり」(4)である。「建築家らしい装い」のイメージ、つまり質素で控えめで伝統的なスタイルは、フランク・ロイド・ライトからフランク・ゲーリーに至るまで、ほぼ変わっていない。マリノはそのコードをぶち壊した。

「定番アイテム」が優越性を示す時

私の服やアクセサリーの多くは、他人の目には「コスチューム」に見えるだろう。一風変わっていて、少々型破りだからだ。とはいえ、私のスタイルは、折衷的《せっちゅう》、モダン、世界中からインスピレーションを受けているという点では一貫している。そしてまた、ピーター・マリノ(黒革のバイクウェア)、スティーブ・ジョブズ(黒いタートルネックシャツとジーンズ)、作家のトム・ウルフ(カスタム・メイドの白いスーツ)が示したような、「自分のスタイルとしてのユニフォーム」にも威厳があることは、認める。ただ、こうした着こなし方が、私という人間には合わないと思うだけだ。

アンチファッション(潮流に抵抗するファッション)もファッションだ。アンチファッションは、実は、ファッションを否定することによって、ファッションの存在をあらためて是認しているのだ。

興味深いことに、ジル・サンダーからカール・ラガーフェルドに至るまで、多くのファッションデザイナーが、ユニフォームと言えるような定番アイテムを身につけている。しかし、ここで誤解のないように強調しておくが、シンプルなユニフォームでも自己を力強く表明することはできるのだ。マリノの装いは独特で彼を象徴するものであるし、ジョブズやウルフの場合も、そのスタイルを多くの人が模倣した。解散を強いられた血液検査会社、セラノスのCEOであるエリザベス・ホームズも、ジョブズのスタイルを真似た。それがホームズの会社が凋落（ちょうらく）した要因ではないものの、業績回復の助けにもならなかった（セラノスの血液検査機械は、彼女が謳（うた）ったようには機能していなかった）。

そのようなユニフォームは、ある意味で、その人の優越性を示すコードにもなり得る。「私はあまりに多忙で社会的地位も高いので、服装に構う時間がありません。この装いはその証です」というわけだ。

もちろん、いくつかの業界では、本来的な意味での「ユニフォーム」が決められており、企業のブランディングの一翼を担っている。

その一例が、1章で述べた、デル・フリスコス・レストラン・グループでは、ホールスタッフの新ユニフォームは美意識に基づいたブランド構築において欠かせない要素だと考え、革新的なデザイナー、エッダ・グドムンズドッティルにユニフォームの新デザインを依頼した。仕事着としての実用性を備え、頻繁（ひんぱん）な洗濯にも耐えられること、そして現代的なデザインであることが必須条件だった。また、すでに確立されている伝統を大切にしつつも、新鮮な体験を提供するデル・フリスコスの先進的なビジョンを、ユニフォームは明確に伝えなければならなかった。
ここで言いたいのは、ユニフォームが必須な業界であったとしても、ユニフォームを着なければならないことが美意識を持たない、持てないという言い訳にはならない、ということだ。アメリカ陸軍でさえ、二〇一七年の後半には、第二次世界大戦の頃に非常に人気のあった、スタイリッシュな礼装を復活させる決定を下した。(6)

日本では、女子学生は学生生活のほとんどを規定のユニフォーム（制服）で過ごしている。そして、学校の制服のイメージをもととした、いろいろなタイプのファッションが生み出されている。

ファッション・ライターのバージニア・ポストレルは、ある日本人女子留学生について「私がアメリカの大学キャンパスで目にした中で、最も挑発的なスタイル」だと記した。その日本人学生の髪型は、幼さを感じさせるポニーテイル。いかにも学校の制服といった感じの白い綿ブラウスの裾をウエストで縛り、へそと赤色のブラジャーを露出していた。女子学生らしいプリーツスカートは丈を短く詰め、しかもローウェストで履いていたため、太ももの辺りに巻きついたリボンのようだった。Tバックの赤いパンティも丸見えだった。そして、白のハイソックスと厚底の靴は、その装いがスクールガール風であることをはっきりと示していた。

日本ではどう思われているかわからないが、ポストレルが述べているように、アメリカでは売春婦に間違えられてもおかしくはない服装だ。(7)

その一方で、見るからに服装には無頓着というスタイルの人たちも、日々、マーケットやバスや街中で目にする。少しは痩《や》せて見えるはずだと思っているのだろうか、黒やネイビーのシフトドレス（ウエストを強調しないストレートのシルエットを持つワンピース）ばかりを着るふくよかな女性もいる。疲れきった母親らしき女性は、珍奇なスウェットシャツやTシャツにヨガパンツ姿で、身支度に五分も費やしていないのは明らかだ。

先に述べたように、自分の着るものに注意を払わないこと、簡単な解決方法を選ぶことも、自分が決めたスタイルなのかもしれないが、そこにも、**あなたの人間性や美意識ははっきりと表われている**のだ。

「地位」と「文化レベル」の表われ方

個人の好みは、何もないところから形成されるものではない。どんな環境で育ったか、成長する中で何を目にしてきたか、今どんな種類の困難に直面し、どのような類の問題を解決しなくてはならないかといったことも、個人の好み（好き嫌い）が生まれることに関係している。

生きている時代、テクノロジーやメディアの影響、地理的な事情も、スタイルに影響を与える。その時代や場所の文化から受ける影響が、自分の理想とするスタイルに合わなければ、拒否すればよい、いや拒否すべきだろう。最善のスタイルは、流行を追うことでも、「ファッショナブル」であることでもないのだ。

世界中の多くの文化で長きにわたり、身分や権限、そして階級の違いを明確にするために衣服が利用されてきた。

ここ数十年間でファッションが大衆化し、多くの人がカジュアルな装いをするようになったが、それ以前は、衣服の選択の仕方によって、社会的階級を飛び越えることもあった。労働者階級出身者が品のよいスーツを着たら、知的職業人として世の中から受け入れられた、という実話もある。

悪名高き（だが現在では名誉が回復されている）詐欺師《さぎし》のフランク・アバグネイル・ジュニア（映画『キャッチ・ミー・イフ・ユー・キャン』でレオナルド・ディカプリオが演じた人物）は、「しゃれた服というのは、私がまだティーンエイジャーだった時、自分は医者や弁護士だと人を信じさせるのに利用した三つの道具のうちの一つだ。きちんとアイロンをかけたパイロットのユニフォームを着ていれば、他のパイロットたちは私が飛行機を操縦できると信じて疑わない。あとの二つの道具は、身長、つまり背が高かったこと、それに礼儀だ(8)」と述べている。

服装によって裕福さを誇示することは、十三世紀にヨーロッパで慣例となり、ある人がどの階級に属しているかは着ているものから簡単に識別できた。衣服が、その人の環境や育ち、生活文化、道徳、そして富や権限を表わしていた。

十九世紀から二十世紀初頭にかけて、綿のパンツやダンガリーシャツやTシャツは労働者階級の人が着るものになったが[9]、現在では裕福な人たちも意図的に破れた（しかし非常に高価な）ブルージーンズを履き、極薄の綿でできた高価なTシャツを着ているのをよく見かける。そのようなスタイルを、最新のファッションコードには全く縁のない人が目にすると、社会の変わりように顔をしかめるかもしれない。

かつてタトゥーは、港湾労働者やオートバイを乗り回す非行少年など、特定グループのファッションだったが、今や大物女優、子育てに忙しい白人女性、先ほど述べた建築家にまで広がっている。タトゥーはもはや禁じられるものでも隠したりするものでもなく、レッドカーペット上の魅惑的なイブニングドレスに映える「アクセサリー」として、注目を集めることも多い。

古代中国では、黄色は中心や地球を意味しており、皇帝だけがその色を身にまとうことを許された。アフリカのハウサ族の社会では、大きなターバンや、高価で貴重な素材でつくられたガウンを何枚も重ねた装いは、支配階級の象徴だった。日本では、着物の色、着つけ方、帯の大きさや結び方が、それを身につける人の社会的階層を物語った。

伝統のある様々な文化では、リッププレート（下唇にはめる皿）、首輪、さらには纏足布《てんそくぬの》やコルセットが、美しさや民族の誇りを示すために使用されてきた（現代でもリッププレートや首輪は少数民族によって使用されている）。

現代の西洋社会では、エルメスのバーキン、クリスチャン・ルブタンの赤いソールのパンプス、モンクレールのダウンパーカー、カルティエのタンクシリーズの時計、そしてシャネルのツイードジャケットは、ラグジュアリーとハイ・ステイタスの証だ。これらのアイテムのイミテーションは低価格で売られているが、本物を見抜く目のある人、ラグジュアリーという言葉を本当に理解する人には、違いは明白だ。

好きか嫌いかは体験しないとわからない

もしも本気で自分のスタイルを磨きたい（あるいは、現在の着こなし方を改善したり変えたりしたい）なら、様々な服に目を向け、試してみるべきだ。感覚を総動員して、様々な着こなしを体験するのだ。ファッションデザイナーのケイ・アンガーが言うように「試着したから買わなくてはいけない、という義務はない[10]」のだ。服を試してみるために唯一必要なのは、適切な下着を着用していることだ。

ハンガーに掛かっている服は、実際に着てみるとかなり異なって見える。また、試着の際に、適切な下着をつけていないと、やはり服のシルエットがきれいに出ないだろう。服は立体的なものなので、実際に身につけてみないと本当のシルエットはわからない。

「ぜひ、勇気を持って、新しい世界をのぞいてみてください」とアンガーは言う。今まで興味があったけれど躊躇《ちゅうちょ》していたアイテムを、思い切って試してみるという意味だ。

「シグネチャーを、つまり、誰が見てもわかる、あなたのスタイルを代表するアイテムを探してください。マデレーン・オルブライトの特徴的なアイテムはブローチ。ミシェル・オバマが着用したことで、ノースリーブはファーストレディの装いとして容認されるようになりました。

ノースリーブとベルトはミシェル・オバマのすばらしいシグネチャーです」

自分だけのスタイルを見つけるには、シグネチャーとなるものが必要だ。職業柄、毎日スーツを着なくてはならないとしても、シグネチャーを持つことはできる。

「例えば、きれいな色のスーツを着る。もしも黒やネイビーを着なくてはならないのなら、ブラウスやシャツはカラフルなものを選ぶ。とにかく、あなたにとって意味があるものとか、あなたについて何かを語るものを身につけることです」とアンガーは提案する。[11]

友人に助けを求めてもよいだろう。私のスタイルをどう思うか、友人に尋ねたことがあるが、その答えの中には、私自身が思いもしなかった意見もあった。

自分には何が似合うのかについて、友人は意外なことを教えてくれるかもしれない。友人が提案するものの中には、自分の好みに合わないものもあるかもしれないが、それでもよいのだ。

とにかく、自分では似合うとは思えないものでも試してみること。手当たり次第に試着したら店に迷惑だろうか、などと考える必要はない。そのために店はあるのだから。色や質感で、あなたが気に入るもの、好きになれないものを心にとめること。形、シルエット、丈や身幅にも意識を向けること。そうすれば、袖《そで》、パンツスタイル、丈、断ち方も多種多様であることがわかってくるだろう。「嫌い」なもののリストと「好き」なもののリストの中に、それぞれ共通していることは見出せるだろうか？　そして「好き」のリストに入る服は、本当に自身の持ち味を十分に発揮できるようなものだろうか？　それらが好きであるわけをきちんと説明できるだろうか？　これらの問いに答えることは、自分のスタイルを解明する糸口になるだろう。

色と模様が示すもの

色や模様は、メガホン（拡声器）になることもカムフラージュになることもある。

つまり、容易に人の注意を引きつけることも、周囲に溶け込むこともできるのだ。嘘《うそ》だと思うなら、（私が冬の間にするように）ブライトピンクのミンクのコートを着てマンハッタンの街を歩いてみてほしい。街中で他に何が起きていようとも、間違いなく注目を集めることができる。

どの色の服を買おうかと検討している時、多くの人は自分にとって快い色、肌や目や髪に映《は》える色を選ぼうとする。私の肌はかなり色白なので、暖色よりも寒色を選んだほうが血色がよく見えると思っている。だから、赤や黄色はめったに着ない。青や緑を選ぶことがほとんどだ（と言いつつ、突如としてピンクを取り入れることもある）。

ベージュやグレーなどの中間色を着ると、少し気が滅入る。だから明るい色を選ぶことが多いが、そうでなければ黒かクリーム色だ。つまるところ、私は自分を幸せにしてくれる色を身につけていたいのだ。私が着る色を見て他の人も幸せを感じるようなら、こんなにいいことはない。

自分は真面目な人間だと思ってもらいたい人は、概して明るい色を選ぶことを敬遠する。大切なことは、色とはあなたが選ぶものであり、着ている人とそれを目にしている人双方の気分を決めるものである、ということだ。

ファッション以外の目的で生み出された模様や色が、巡り巡ってファッションやスタイルに影響を与えることもある。これらの柄や色を、その本来の意図を生かしながら、私たちはファッションに用いている。

例えば、**軍隊の迷彩服**は、敵の目をあざむくため、視認性を低下させる意図でデザインされている。軍隊は当初、兵士や士官の服として利用するのではなく、活動拠点や装備を隠すために迷彩柄を利用した。戦闘技術の発達によって機関銃や航空写真が戦争で使われるようになると、フランス、イギリス、ドイツ、そしてアメリカ合衆国の軍隊は、それまで明るい色だったユニフォームから、オリーブ色のような目立たない色のものに変え、やがて迷彩柄に行きついた。一九四〇年、アメリカ陸軍工兵隊は迷彩柄の軍服を試験的に採用した。一九四三年までには海兵隊が、カエルのような緑色と茶色の模様をつけたリバーシブルのカバーオール（つなぎ）を採用した[12]。

蛍光色は、不可視光線（紫外線など）を可視光線に変換する性質を持っているため、一般色よりも鮮明に映る。ナイキのデザイナーであるベン・シャファーは、二〇一二年の夏のオリンピックに向けてデザインしたシューズに蛍光色の緑を取り入れ、ファッションのトレンドに火をつけた。蛍光色のおかげで、店内に展示されたナイキのスニーカーはその他の数々のブランドシューズの中で際立った。

色と形は、情報を的確にすばやく伝える重要な役割も持つ。例えば幹線道路の標識には、認識しやすいようにコントラストの強い色を用い、なるべく読みやすい活字書体を使っていることが多い。これは特に、高齢ドライバーを配慮してのことだ。

色が人の感情に影響を与えることは、ご存じだろう。この現象については多くの研究がなされてきた。四つの色相、赤、緑、黄、青は、最も一般的な四原色だ。研究によれば、これらの色相の特性は、すでに十四世紀に認められ、世界に知られるようになった[13]。

また、色は、私たちが人を、そしてブランドをどう捉えるのかにも大きく影響する。自分が身につける色を考える時には、視野を広げ、その色を身につけることで周囲にどのような効果をもたらすのかについても考慮してほしい。エルメスのバッグや箱、リボンに使われている濃いオレンジ色と茶色は、衣類に使われることはあまりないが、ブランドが築いた一流の品質、品格、そして時を超越した美をはっきりと連想させる。

「なぜ、それに惹かれるのか」を追求する

「解釈する」とは、自分の知覚や感覚、そして自然に湧き起こる感情を理解し、詳細に吟味することだ。直感でわかったことをどのように受け取り、知覚や感情をどう体系づけ、どんなふうに表現するか。そこから得られた傾向を、何かを決断したり行動に移したりする際に、どう役立てていけばよいか。このように、自身の感覚や知覚、感情を解釈していくことは、自分の

スタイルを築き、美意識を磨くにあたっての基礎となる。そしてまた、他者の審美眼や美意識を解釈することは、優れた製品開発、ブランディング、商品開発、マーケティング、そして創造的なコミュニケーションを行なう際の基礎となる。

次に紹介する三つの「ミニ・エクササイズ」は、個人的な好き嫌いに対するクリティカル・シンキングを促し、人が何を熱望し、それはなぜなのかを考えることを促進してくれるだろう。

1 あなたの「愛着のある品」は何か、その理由は？

カスタム・メイドの商品や手づくりの品を別にすれば、「愛着のある品」とは、強い魅力や親近感、好感を持って店舗で購入したものだ。ハーバードの学生たちに、私は彼らの「愛着のある品」（もしくは、その写真）を持ってくること、そしてなぜそれらの品が彼らにとって特別なオーラを放つのかを考えてくるよう求めた。この課題の意義は、特定の品との「感情的な結びつき」を発見し、探索《たんさく》することだ。

興味深いのは、学生たちのほぼ四分の三が**ファッションアイテム**（衣類やシューズや宝飾品など）を「愛着のある品」として持ってくることだ。人は、車、技術装置、電気機器などよりも、こうした非常に身近な小ぶりの所有物に、いっそう思い入れを抱くようだ。衣服やアクセサリーには個人的な、特別な意味や記憶が染み込んでいる。ある出来事があった時に、自分が何を着ていたのかを覚えている人は多い（私の場合、小学校の卒業式に着た紫色のサマードレスを思い出す。クラスメイトの一人が、着こなし方が違ったとはいえ、私と全く同じ服を着ていたのは愉快だった)。

今の私の「愛着のある品」はセリーヌのサンプルセールで購入したバングルだ。ずっしりとしたゴールドとシルバーの二連のメタルバングルで、私はそれを「ワンダーウーマン・バングル」と呼んでいる。頑丈《がんじょう》で、防具のようにも見える。手首につけると自分が有能でパワフルであるような気にさせてくれる。ゴールドとシルバーという対照的なものが一つになっているところも好きだ。そのような組み合わせはあまり見られない。それに室内を歩き回るたびにジャラジャラと鳴る音も気に入っている。

2 あなたにとって「目障りな品」は何か、その理由は?

「目障りな品」とは、「愛着のある品」と同様に、自分で購入し、今でも所有していて、定期的に使っているものだ。しかし、「愛着のある品」から得られる感情とは対照的に、苛立ち、わずらわしさ、嫌悪感といった否定的な気持ちさえ引き起こすものだ。それでも、そのものの機能は役立てている。そんな品を考え、なぜそのような気持ちにさせられるのかを考えてみてほしい。

ハーバードでこの課題を出した時、「愛着のある品」の課題の時よりも、学生たちは多種多様なアイテムを選んだ。最もイライラさせるものとして、衣服や靴などを選んだ学生は四割にも満たなかった。そして「目障りな品」の四分の一に挙がったのが、携帯電話、パソコンなどの電子機器だった。学生にとって「それなしではいられない」アイテムであるにもかかわらず、厄介《やっかい》もの扱いされている、ということだ。

　私の場合、「目障りな品」はいくつもあるが、その一つはブレビルのステンレス製エスプレッソマシンだ。五百五十ドルもはたいて購入したもので、これで淹《い》れたコーヒーは実においしい。ところが、豆を挽《ひ》く時に、耳をつんざく爆音を立てるのだ。それが終わってスチームミルクをつくる時には、甲高《かんだか》い音が家中に響きわたる。私がコーヒーを淹れるのは早朝の時間帯なので、この騒音にはほとほと困る。

　もう一つの「目障りな品」は、レディディオール（故プリンセス・ダイアナにちなんで命名された）のハンドバッグだ。クラシックな四角い形、キルティング加工された赤色のカーフスキン、ゴールド調のアクセントが気に入っている。

　それなら何が不満なのか？　とにかく使いにくい。ボックス型ボディの上のジッパーが短すぎるため、物を出し入れしにくい。バッグを使うたびに手がひっかき傷だらけになる。しかも、いつも使っているごく普通サイズの財布が、バッグの口を通らない（ダイアナ妃は財布を持ち歩く心配などしなくてよかったのだろう）。

　両方の事例（爆音のエスプレッソマシンとハンドバッグ）から学べるのは、優れたデザインは、五感にもたらす影響を考慮してデザインされるべきだ、ということだ。

3 あなたの「スタイルアイコン」は誰か、なぜその人に惹かれるのか

「スタイルアイコン」とは、**あなたがスタイルのお手本とする人、そうなりたいと強く憧れる人**だ（存命の人でも、故人でもよい）。

私がこの演習課題で学生たちに求めたのは、自分のスタイルアイコンの写真を用意し、その人物のどんなところに惹かれるのか、それはなぜかを熟考することだ。

興味深いことに、一〇〇パーセントの学生が「同性のアイコン」を選んだ。要するに、男性は自分以外の男性を、女性は自分以外の女性を規範にしているということだ。なんと九割もの学生が、現在活躍中の、影響力のある人物を選び、自分たちとは異なる時代の人物（例えば、ジャクリーン・オナシス、ケーリー・グラント、スティーブ・マックイーン）を選んだのはわずか一割だった。八割の学生が著名人（ハリウッドセレブ、ミュージシャン、アスリートなど）を選び、身近な人物（祖母、母親、友人）やさほど知られていないインフルエンサー（ブロガーなど）を選んだのは、ほんの二割だった。

この演習をする際には、深く掘り下げること。特定の人物がアイコンとして頭に浮かぶのはなぜなのか？　その人のどの側面が自分のスタイルに最も影響を与えたのか？　どのような影響を受けたのか？　それはなぜなのか？

私の場合には、数人の女性が思い浮かんだ（やはり私も同性を選んだ）。進歩的で大胆で女

性らしいファッションを考案した点で、私はココ・シャネルを最も尊敬している。シャネルの型破りなスタイル、新しさを追い求めた情熱と勇気には感服する。知性、優雅さ、慎み深さという点では、ケイト・ブランシェットに憧れる。堂々としていて神秘に満ちた雰囲気なら、カトリーヌ・ドヌーヴ。そして、機知に富み、魅力的で奇抜なところでは、作家のドロシー・パーカーだ。

もちろん、私の憧れるすべての要素を備える女性は一人としていない。しかし、ここで名前を挙げた女性たちは、私のリストの上位にいて、昔も今も変わらず私の感性に響く力を持っている。

人の生命に不可欠、かつ喜びをもたらす「三つの柱」

ご存じのように、人はファッションのために服を着るわけではないし、ただ味わうために食事をするのではない。服を着ることも食べることも、人間が生きていく上で不可欠なものだ。食べることは生命を維持するのに必要であり、服を着ることで厳しい自然から身を守れる。そして、どちらも大きな喜びの源でもある。

衣と食の他に、人の生命に必要不可欠で、なおかつ喜びをもたらすものが、もう一つある。住まいだ。この三つの柱はとても根本的なものであるため、親は子どもが独力で生きられる年齢になるまで（もちろん愛情とともに）与えることが義務づけられている。

しかし、今の時代は幸福や豊かさで満たされているおかげで、ほとんどの人はエイブラハム・マズローが提唱した人間の欲求五段階説のうちの「生存の欲求」と「安全の欲求」をはるかに超え、衣・食・住を（その他の多くの要素とともに）自己実現と幸福を追い求める手段として見ている。

次章では、美意識を身につける方法の三つ目の要素、**「住まい」**に注目しよう。**見事にデザインされた空間は、優れたキュレーションの究極の例**だ。（訳註　キュレーションとは、情報を集めて整理し、そこに新たな意味や価値を加えること）

インテリア・デザインを通じ、どのように喜びや願望を引き出すかを学び、そこで得られたテクニックと原理を、自身のブランドとビジネスにおける美的な価値を創出する際に活用していただきたい。

Chapter

7

新たな「空間価値」をどう生み出すか

……「選りすぐりのピース」の組み立て方

価値創造を促す概念として、**「キュレーション（curation）」**という言葉を最近よく耳にするが、意味が正しく理解されていないことが多いようだ。

私はこの言葉を「治す（cure）」、つまり**修復する**という意味で捉えている。ビジネスをキュレートする際には、機能していない（そして混乱を招いたり、有害だったりする）要素を取り除くだけでなく、すべてが気持ちよくうまくいくように再編集を施さなくてはならない。

つまり、**キュレーションとは単なる取捨選択ではなく、選《え》りすぐったピースをつなぎ合わせ、新たな意味や価値を持たせること**でもある。美意識に支えられたビジネスという観点でキュレーションを行なうことで、商品、サービス、キャンペーン、店舗デザインに調和と美が取り戻されるのだ。

本章では、消費者に与える選択肢の多寡《たか》がどのような影響を及ぼすか、空間デザインが利益に与える影響、そして最後にあなたの空間（家やオフィス）を自分の好みや価値観を反映させてデザインすることで、どのようにしてビジネスに応用可能なキュレーション能力を磨くことができるのかについて考察していく。

モンクレールの「見事にデザインされた空間」

イタリアのアウターウェア・ブランド、**モンクレール**は一九五二年にレネ・ラミヨンが設立した。その名前は企業発祥の地、フランスの西アルプス山脈に囲まれたグルノーブル郊外のモネスティエ・ドゥ・クレルモンに由来している。

モンクレールは当初、キルト加工した寝袋やテントなどを取り扱っていた。ダウンジャケットやパーカーの原型となったのは、一九五四年に工場労働者のために製作した作業用防寒着だ。その高性能と将来性に注目したフランスの登山家、リオネル・テレイの協力を得て、モンクレールは登山や遠征用ギアの開発に着手するようになる。そして同年、イタリアのカラコルム登頂隊にジャケットを提供。一九六八年にグルノーブルで開催された冬季オリンピックでは、モンクレールはフランスのスキーチームの公式ウェアに採用された。しかし、初期のパーカーは、すばらしい機能性を備えていたものの、見た目は寸胴《ずんどう》の袋のようなデザインであった。

一九九〇年代中頃、モンクレールは経営難に苦しみ、ハイエンドのプラダや、手頃な価格帯のアウトドア・ウェアを提供するザ・ノースフェイスなど、著名な競合ブランドに追い抜かれていった。モンクレールは病み、治療が必要だった。

二〇〇三年、モンクレールはイタリアの起業家であり、クリエイティブ・ディレクターでもあるレモ・ルッフィーニによって買収された。ルッフィーニ家はもともと、著名なテキスタイル・メーカーである。買収時点で売上高がわずか約六千万ドルで、モンクレールは大赤字を出していた。

ルッフィーニのリーダーシップとキュレーションの下、モンクレールのダウンジャケットは、寸胴の不格好なものから、フランス人が「la doudoune chic（粋なダウンジャケット）」、イタリア人が「il piumino di lusso（贅沢なダウンジャケット）」と称《たた》えるものに変わった。

二〇〇八年、未公開株式に投資する企業、カーライル・グループは、モンクレールの株式の四八パーセントを獲得し、最大の株主になった。私はその年、カーライルでの業務執行取締役として、北米および非ヨーロッパ市場への拡大を図るため、モンクレールの取締役会に加わった（そして二〇一〇年まで取締役会に在席した）。

二〇一三年、モンクレールはミラノ証券取引所で株式を公開。カーライルは数年間かけて保有株式を売却し、最高レベルの利益を手にした。現在、モンクレールは千人を超える従業員を雇用し、年間二十億ドルに迫る収益を上げている。また、アウターウェア・ブランドとしては初めて、ファッション界で名声を手に入れた。

では、ルッフィーニは**どのようにして美意識を活用して、モンクレールをキュレート（つまり修復）したのか？**

まず、ルッフィーニは、高い水準の職人技と高品質の維持に努めた。同時に、製品のスタイルを現代的に変え、高度なファッション性とハイテク技術を取り入れた。また、製品ラインを拡充する（ブーツ、帽子、セーターを加える）一方で、ブランドの要であるパーカーに引き続き注力した。トム・ブラウン、ジュンヤ・ワタナベ、ジャンバティスタ・ヴァリといった、著名デザイナーとの意外なコラボレーションを実現させ、さらなる活力が生まれ、ハイセンスな製品が生まれた。

思いもよらない場所で、奇をてらったファッションショーを開催し（例えば、マンハッタンのチェルシー埠頭《ふとう》に組んだ鉄筋足場のランウェイ・ショー、グランド・セントラル駅でのモデルによるフラッシュモブ、セントラル・パークのスケート場、ウォールマン・リンクでのアイスショー）、それがファッション誌などで紹介されて一躍話題となり、その高品質と最新鋭のスタイルを広く浸透させた。

モンクレールは、現在、世界の主要都市に二百を超える店舗を展開するが、もちろん一夜にしてそれらを築いたわけではない。それぞれの店舗が、その土地柄に合わせて、見事にデザインされた空間なのだ（スキーリゾートの店舗と都心部にある店舗は対照的だ(1)）。

「たくさんありすぎる」と決められない

近年、多くの書籍が**「選択肢過剰」**についての問題を取り上げている。消費者は、あまりに少ない時間で、あまりに多くの選択と決断を強いられているという。バリー・シュワルツは自著『なぜ選ぶたびに後悔するのか――オプション過剰時代の賢い選択術』（武田ランダムハウスジャパン）で、選択肢が多すぎることは、私たちの精神と心の健康を害すると述べている。

選択肢があふれかえる社会で、消費者が選択できない、そして実際に選択することを諦《あきら》めているのなら、企業にとっても利益に関わる大きな問題だ。消費者がどうにか何らかの決断を下したとしても、その結果に不満足であることは少なくない。

コロンビア大学経営大学院教授のシーナ・アイエンガーは、**消費者はどのような状況でよりよい選択ができるのか**、というテーマを中心に研究を行なった。アイエンガーの提言は多くの点で、キュレーションのプロセスに酷似《こくじ》している。選択肢が多すぎることに関しては、特にそうだ。研究の一端として、アイエンガーは、人はいかにして退職後のために貯蓄するのか、とりわけ、退職プランにおけるファンドのオプション数が、個人の将来設計や貯蓄にどのように影響するのかに目を向けた。

ファンドを二つだけ提示した退職プランの場合、加入した割合は約七五パーセントだったのに対し、五十のファンドを提示した退職プランでは、加入率はおよそ六〇パーセントにまで下がった。

提示された選択肢が多ければ多いほど、人は一つに決めるのを諦め、預金のすべてをマネー・マーケット・アカウント（連邦政府の保険がついた預金口座）に預け入れる傾向が強くなることが明らかになった。これは将来の経済的な安定のためには、賢明な判断とは言えないだろう。(2)

さらにアイエンガーは、消費社会では選択肢が多すぎるせいで、取捨選択への関与の度合いや、決断の質（選択肢が増えると誤った決断をしやすい）、そして最終的に選んだものへの満足度が低下していることを見出した。

誰もが「整理・要約」されたがっている

もっと簡単に、よりよい選択ができるようにするには、そして、選択結果に満足してもらうためには、どのように消費者にキュレーション（商品や情報を提示）すればよいだろうか？

その**第一のステップ**は、**不要な選択肢を除外する**ことだ。

アイエンガーによると、P&G（プロクター・アンド・ギャンブル）が「ヘッド&ショルダー」の製品を二十六種類から十五種類に減らした時、売上高が一〇パーセント伸びたという。ゴールデン・キャット・コーポレーションが猫のトイレ用品の中でとりわけ売れ行きの悪い十種類の販売を停止したところ、利益が九七パーセント増えた。これは生産コストの低下と売り上げの増加の双方によるものだ。[3]

世界第九位の規模を誇る小売業者、アルディ（ディスカウント・スーパー）はこうしたことから教訓を得て、わずか千四百の選択肢しか提供していない。それに対し、一般的な食料品スーパーでは四万五千、ウォルマートに至っては十万もの選択肢がある。

不要な選択肢や、明確な有益性を持たない選択肢は排除するべきである。何を提供していて、何種類のオプションがあるのか？　それらのオプションには、はっきりした差異があるだろうか？　提供する側がそれらの差を指摘できなければ、顧客だってできはしない。

第二のステップは、**「それを買ったら、どのような感動、感情が引き起こされるか」を顧客が購入する前に想像できるようにする**こと。顧客は購入前に、商品を目で見て、肌で触れて、匂いを嗅いで納得できるだろうか？　家に持ち帰った後も満足感を得られると、購入前に見定められるだろうか？

エンテンマンのクッキーが初めてスーパーなどで売り出された時、まるでベーカリーから直送されたばかりのようだった。白い箱の折蓋《おりぶた》についているセロファン窓から、中に詰められたお菓子が見えるからだ。

エンテンマンの商品はチップスアホイ！　やバニラウエハースなどの工場生産されたお徳用パックのクッキーやビスケットとは扱いが異なり、たいてい、売れ筋のお勧め商品を並べる主通路の陳列棚に置かれ、クッキーの陳列棚に混ざることはない。シースルー・パッケージのおかげで、柔らかくて噛みごたえがありそうだとかチョコレートチップが入っているとかフロスティングが滑らかでクリーミーだとか、いろいろなことが購入前にわかった。ボール紙の袋に詰められているクッキーコーナーに並ぶそれまでのクッキーとは対照的だった。

第三に、小売店や、顧客が購入するかどうかを決める環境では、顧客が商品を選びやすいように、つまり購入しやすいように、**商品やアイテムをわかりやすく、有意義に分類**すること。適切に分類してあれば、商品やサービスをより適切に扱うことができることにもつながる。ただし、その分類は、顧客にとって意味のあるものである必要があるし、細かく分類しすぎてもいけない。

アイエンガーの研究では、大型食料品店のウェグマンズは、販売する数百種類に及ぶ雑誌をごく少数のグループ（男性向け、女性向け、テクノロジー、食、スポーツ、デザイン）に分けたところ、二十から三十種に分けていた時よりも売上数が増えたことが確認された。

さらに、製品に関する情報や特徴で分けるのではなく、人間の感情に基づいて分類しなくてはならない。例えば、製品がフレグランスであれば、顧客は合理的な観点（価格、化学成分、原産国）からの分類よりも、製品の雰囲気やイメージ（ロマンチック、セクシー、クリーン）による分類のほうに敏感に反応する。

そして、四つ目のステップは、矛盾するようではあるが、**消費者に楽しく意思決定のプロセスに関わってもらうために、選択肢を複雑にしていくこと**だ。意思決定が適切に行なわれると、購入体験はより豊かで興味深く、印象に残るものになる。優先順位という観点からすれば、まず単純な選択をしてもらうところから始めて、徐々に深く考えさせるような選択肢を提示すること。この手法なら消費者は前向きな姿勢で考え、冷静かつ適切に決断し、なおも楽しい体験を得るだろう。

アイエンガーは、自動車購入の際のオプションについても言及している。顧客は単純な選択（車体の色、選択肢は三種）から始め、複雑な選択（インテリアに使用する素材の種類など、選択肢は十種）で終わるというプロセスを踏んだ時、購入する意欲が高まったという。

逆に、あらゆる選択肢を一度に顧客に提示してしまうと、顧客は圧倒され、その取り引きからあっさり手を引いてしまう傾向がある。こうしたアプローチは、意思決定者に対する配慮や共感が欠如しているし、製品やサービスの開発からパッケージデザイン、販売促進、流通、顧客満足に至るまで、美意識が欠如しているという徴候でもある。

なぜ金融の世界にも「美意識」が求められるのか

ほとんどのスキルと同じように、**キュレーションのスキルをものにするには、経験を積むしかない**。実地で行なわなければ、何事も身につかないのだ。

キュレーションについては、インテリア・デザインのプロセスからも学ぶことができる。というのも、個人的な好みや必要性に基づいて一つの空間をつくりあげるのがインテリア・デザインであって、そのプロセスは、キュレーションに通じるところがあるからだ。どのようなアイテムを組み合わせるべきか、どのように展示すればよいのか、熟考に熟考を重ねることが、キュレーション力の向上に結びつく。こうしたスキルは、従業員向けの退職プランの選択肢を設定するといった仕事においても活用できるのだ。

美意識は、コンシューマー（消費者）向けの商品やサービスに最も顕著に表われる。しかし、専門性の高いサービスを提供する企業においても、美意識は差別化を図る重要な要素であるため、おろそかにはできない。

何年も前のことになるが、私は未公開株式に投資する企業、カーライル・グループのパートナーであり、消費財メーカー・小売業部門で企業買収の業務に携わっていた。質の高い取り引き案件が限られる一方で、優良案件には多くの投資家が殺到する非常に競争の激しい環境だった。

魅力的な企業には、高い評価額のオファーがいくつも舞い込んだ。カーライルのような投資会社が価格だけで契約を勝ち取れることは滅多になかった。実際、カーライルとブラックストーン、コールバーグ・クラビス・ロバーツ（ＫＫＲ）、ベイン・アンド・カンパニーなどの主な競合相手との間に、違いはほとんどなかった。

これらの企業が雇う投資専門家はみな、有名なビジネス・スクール出身で、同じ数学公式を使って企業を分析して査定する。そして同じ銀行と連携して商取引を計画し、最善の貸付金利を取り決めると、同じ企業の買収に乗り出す。

では、これらの投資会社は、どのように差別化を図ることができるのだろう？　カーライルが獲得した契約もあれば、他社に奪われた契約もあるのは、なぜなのか？

合理的に言えば、一見したところ、投資会社にさしたる違いはない。しかし、それぞれが決定的な差別化要因を持っていた（現在もそれは変わらない）。各社は、中核となる価値観、個性、スタイル——つまりは独自の美意識を持ち、他社との違いを打ち出していたのである。

企業の社風は、創業者の価値観、個性やスタイルから生まれている。そして、各企業は、自社の拠《よ》って立つところを、明確にかつ力強く打ち出している。売り手市場ならば、売り手は自らと同様の価値観、スタイル、美意識を持つ投資者を選ぶ。

売り手は、取り引きの過程で、「相手から理解されている」という安心感と確信を得たいのだ。自らの事業を長期にわたり存続させたいと考える時、そして将来も自らの関与を強く望んでいる場合には、特にその傾向は強くなる。だからこそ、相手に安心感や新たな自信を与えることができる「美意識の力」を過小評価してはならないのである。

オフィスを見れば美意識度は一目瞭然

ワシントンDCにあるカーライルの本社を訪問した時、私は、当時も今もCEOであるデイビッド・ルーベンスタイン[4]と彼の共同創業者が掲げる価値観をはっきりと体で感じた。デイビッドは、今やアメリカで最も裕福な人物の一人だが、一般的な中流家庭で生まれ育ち（父親は郵便局に勤務していた）、自らの力で富を築き上げた。

カーライルの本社オフィスは、デイビッドの人間性が随所に反映されている。**シンプルで、素朴で、慎ましい**。新しい従業員が来るたびに、デスクを追加する必要に迫られ、手当たり次第に間仕切りしたのであろうか、オフィスは狭く、当座しのぎであるかのような印象を受けた。カーライルは空間デザインやオフィス家具に、大金を投じてはいなかった。

カーライルの創業者たちが、機能性や簡潔さに重きを置くことがはっきりと伝わってきた。同社の使命は、投資家や従業員のためにお金を生み出すことであり、それ以外にお金をかけることには関心がなかったのだ。これがカーライルの美意識であり、そこに正解も不正解もない。カーライルの美意識は、潜在的なパートナーや投資家に、企業の要となるストーリー——目的意識を持ち、使命をまっとうするために尽力するという企業理念——を語る。

カーライルは、世界トップクラスの知識人や富豪によって運営されているが、エリート意識や贅沢さを感じさせない。こうして余分なものをそぎ落とした美意識こそ、同社の強みであり、同社がアメリカで最も成功し信頼されているプライベート・エクイティ・ファームの一つとなった理由だと考えられるだろう。

対照的な例を挙げよう。巨大なプライベート・エクイティ・ファーム、KKR（コールバーグ・クラビス・ロバーツ）だ。KKRは、ヘンリー・クラビスによって創立され、マンハッタンの億万長者が多く住む西五十七丁目に本社オフィスを構える。訪問客は何重ものセキュリティを通過し、ようやく受付に到着する。濃い色のウッドパネルの壁は、重々しくて要塞《ようさい》を思わせる。富を誇示するかのような空間は希少価値の高いアート作品で埋め尽くされ、オフィスには大きな重々しい家具が備えつけられている。

私はオフィスに足を踏み入れた時、圧倒され、無力感を覚えた。これは偶然の出来事ではない。**ＫＫＲのオフィスは、格式の高さや力強さを感じさせるようにデザインされている**。こうした美意識に惹かれる顧客も中にはいるだろう。実際に一部の顧客はそれを追い求め、ＫＫＲのオフィスからＫＫＲの偉大な力や名声、自信を感じ取ることで、万事順調であるという安心感を得るのだ。

カーライルとＫＫＲは、最終的には、出資者に同様の経済的利益をもたらすかもしれない。しかし、それぞれが自身の美意識によって差別化を図っているのだ。そして、出資者や売り手は最終的に一社を選択する時に、意識的であろうとなかろうと、それら企業が根底に据える美意識を判断材料としている。

プライベートにおいても職業人としても、自分の個性を生かすことに前向きにならねばならない。そうすることで、経験、そして審美眼に基づいて選んだことが真正なものになる。

それは、パーソナルケアやファッションなど、消費者と直接つながるビジネスではとりわけ大切だ。また、もちろん工業製品やテクノロジー、大量生産品、ヘルスケア、金融サービスといった、美意識に結びつかないと思われがちなビジネスにも欠かせない。つい最近まで、そのような業界の多くは、提供する製品やサービスの機能と性能を最重要視し、顧客やクライアントが商品やサービスを選択する際、個人の価値観や人間心理がいかに大きな役割を演ずるかを見過ごしていた（よって、損失を招いた）。

しかし実際には、顧客やクライアントは多かれ少なかれ、個人の価値観と美意識に基づいて一つひとつの決断を下している（一見してわからなくても、そうであるはずだ）。だからこそ私は、どんな業界であれ製品やサービスを提案し届ける過程においては、美意識を中核に据えるべきだと声高に訴えている。今や美意識の感じられない企業は、美意識の感じられる企業の陰に隠れてしまう時代なのだ。

「無難なビジネスパーソン」に没していないか

企業の経営幹部を何人も訪ねて、どのオフィスにも共通した特徴があることに気づいた。一様に「無難な」オフィススタイルで、家族や旅行の写真を数枚、ごく普通のフレームに入れて飾ってある他は、個人的なものやユニークなアイテムは見当たらないのだ。

しかし不思議なことに、同じ幹部の私邸を訪れると、それとは全く異なった体験をする。そこには壁に飾られたアート作品から、家具やソファに置かれたクッション、思い出の品などの小物に至るまで、あらゆるものが手間暇をかけて飾られている。その人が既婚男性であれば、夫人が自宅のデザインを取り仕切っている場合も少なくない。

それにしても、なぜ、私邸とオフィスのインテリアはこれほど異なるのだろうか？　もっと言えば、オフィスで分析的・技術的なことにかけるのと同じだけの献身やエネルギーを、なぜデザインや創造的なことには使わないのか、ということだ。

私の当て推量だが、管理職にある人の多くは、自分の家を女性的な空間、オフィスを男性的な空間として見ている。オフィスが軽んじられないためには、個人的な要素は排除して男性的な空間にしなくてはならないという考え方は（たとえ法律関連、金融系のオフィスであっても）、不適切で時代遅れなだけではない。美意識を表現する機会をみすみす逃してもいる。美意識こそが、従業員やパートナー、クライアント、そして顧客に有益な効果や喜びをもたらすことができるというのに。

オフィスは男性的に、自宅は女性的に、と区別するのは不自然だ。なぜなら職場にいる時も、私たちは「人間」だからだ。そうではないと言い張るのなら、創造的な問題解決もできないし、情緒面の健康も蝕《むしば》まれ、ビジネス上の利益も損なわれるだろう。人間らしさが失われれば、互いの心のつながりも失われ、顧客との関係も失われてしまうのだ。

あなたがどんな人であっても、ありのままでいることは役割を演じることよりもはるかにたやすい。費やすエネルギーは少量で済むし、あなたにも、周囲のスタッフにも、顧客にも、解放感をもたらす。仕事に、仕事環境に、そして究極的には提供する製品やサービスに、自分自身の個性を吹き込むことが、あなたのビジネスを差別化することにつながる。

結局、性能や機能という面において「誰にも真似できないもの」を販売することなど、できないはずだ。競合相手は、あなたのすることを簡単に模倣できる。しかし、「あなたという人」は、誰にも模倣できないのだ。

風化した百貨店に求められる再生戦略

百貨店のオーナーたちは、顧客を喜ばせる店舗をデザインしようと常に挑んできた。しかし近年、以前は美意識の感じられた従来の百貨店は、その輝きを失いつつある。

小売業界は、ここ数十年で衰退の一途《いっと》を辿り（アメリカ国勢調査局によると、小売業者の販売シェアは一九九八年には五・五四パーセントだったのが二〇一七年には、一・五八パーセントまで下落した）(5)、ショッピング体験を根本的にデザインし直すことが、喫緊《きっきん》の課題になっている。

今では、お宝を探すために地元の百貨店を訪れる消費者はいない。うろうろと見て回ることに興味がないのだ。発見や驚きを楽しむことも、もはやない。消費者は欲しいものを今、手に入れたいのであって、長く待たされたり自分に合うサイズの在庫がないと知らされたりすることにあまり寛容ではない。欲しいものを手に入れたら、さっさとその場を立ち去りたいのだ。旧式のキュレーションモデルや昔ながらの顧客サービスで、今日の消費者を魅了することはもはやできない。

アマゾンやウェイフェアをはじめとするオンライン小売業者は、消費者の利便性を高め、購買履歴から消費者が何を望んでいるかを割り出すアルゴリズムの開発と改良を続けている。それに伴い、従来型の百貨店には、提供する製品だけではなく、ショッピング体験もキュレートしなくてはならないというプレッシャーがかかっている。

幸いにも、百貨店（そして他の従来型の小売業者）が輝きを取り戻す方法はまだある。まずは、百貨店という物理的な空間に足を向けたくなる、お金を遣いたくなるような魅力を生み出すこと。そして、数は少なくても優れた選択肢を提供することだ。

さらに、自分たちが何者で、何の役に立つのか（そして、どのような顧客にメッセージを発信しているのか）など、明確な目的を伝える必要がある。目的を明示すれば誰もが気に入ってくれるというわけではないだろうが（もっとも、万人に気に入られることが重要なのではない）、共感を覚え、強い忠誠心を示す顧客を獲得することはできるはずだ。

美意識に支えられた小売業者は、サービスにおいても秀でる。百貨店は他者を喜ばせることに喜びを感じる人材、知識やノウハウを持つ人材を雇用し、育成することに投資しなければならない。右のことはすべて、他の店、特にオンライン小売業者では真似できない体験、すなわち**五感に訴える比類ないショッピング体験を生み出す**ためにすべきことなのだ。

オフラインの従来型の実店舗を持つ小売業者は、もっと機転を利かせ、買い物客に斬新さや驚きをもたらす方法をいくつも見つけなくてはならない。そのためには徹底的なキュレーションを行なう必要があるわけだが、難しい課題にもチャレンジする必要がある。

まずは、成功を判断する古い基準（例えば、単位面積当たりの売上高、小売のコンバージョン率、オーダーごとの平均売上高[6]）を廃止すること。

次に、より有意義な基準（来店客のストア体験がどのくらい関心を惹きつけ、記憶に残るかどうか）を設け、さらには、購入の決定を促し、製品への満足度や再購入の可能性を高めるための策を講じる。

「衣類売り場」から「おもちゃ・家具売り場」への転換

「新鮮さが一番」というアプローチですでに実験を試みている店もある。その一例としてシカゴにあるカーソンズという百貨店の新オーナー、ジャスティン・ヨシムラのアプローチを挙げよう。テクノロジー関連の起業家であるヨシムラは、二〇一八年九月、ボントン・ホールディングスの知的財産をカーソンズも含めて九十万ドルで買収した。

カーソンズは、ヨシムラのリーダーシップの下、以前行なっていたシーズンごとの商品の補充をやめた。その代わりに、店舗では毎日新しい商品を仕入れ、二週間ごとにすべての在庫を入れ替える。すると、消費者は欲しいと思う商品を見つけた時、すぐに買わなくてはならない。さもないと、次に来店した時には、目あての品がもうない可能性が高い。そして、次に来店した時には、新しい商品にお目にかかることができるというメリットもある。[7]

また、カーソンズは衣類売り場を五〇パーセント減らし、おもちゃと家具の売り場面積を拡大した。**おもちゃと家具は、消費者がネットでよりも、店舗で購入したいと望む商品**だ。なるほど、消費者はおもちゃの品質や安全性、そして大型家具の外観や快適性を実際に確認してから購入に踏み切りたいと思うものだ。

「万人好み」は、もはや誰の心にも響かない

商品を頻繁《ひんぱん》に入れ替えること、選択肢を減らすことは、小売業者が成功を収めるための二つの有望な戦略だ。実は、第三の戦略がある。それは、魅力にあふれ、顧客を楽しませて刺激する環境をつくることだ。

私のお気に入りの店を三つ、例として挙げよう。ディエチ・コルソコモ[8]、ドーバーストリートマーケット[9]、そしてABCカーペット&ホーム[10]だ。

一つ目と二つ目は世界規模で事業を展開し、三つ目はニューヨーク市を拠点としている。どの店も、細部まで考え抜いたキュレーションを行ない、成功を収めてきた。ブルーミングデールズやバーニーズニューヨークのような、はるかに規模の大きい店と同じカテゴリーの製品やブランド品の多くを販売しているが、前述の大規模店と異なるのは、その手法だ。（訳註「バーニーズニューヨークは二〇一九年に経営破綻）

これら三つの店では、買い物は楽しく刺激的で印象深く、ぜひまた来店したいと思えるような価値ある体験ができる。オンラインストアのように選択の幅を広げたり、従来型の百貨店がしてきたように、ありとあらゆる商品を棚に並べたりはしない。

そうではなく、ある種の刺激を感じるように取り扱う製品をキュレートしたため、顧客にと

っては選択が容易になった。万人が好むものを販売しているわけではない。特定の消費者に焦点を当て、まさにその人たちのために選りすぐった品を少量だけ提供しているのだ。

一九八〇年代のブルーミングデールズや一九九〇年代のバーニーズは、同じように刺激的なショッピング体験を提供し、多くの人にとっては「週末のショッピングの目的地」であったが、残念なことに、今は両者とも、その手腕（例えば、ユニークな品揃えや風変わりなディスプレイ）を発揮できなくなった。


ディエチ・コルソコモは一九九〇年の創業。ミラノ、ソウル、北京、上海、そしてニューヨークに店舗を構える。『ヴォーグ・イタリア』誌の元ファッションエディター、カルラ・ソッツァーニが、アートギャラリーや書店をも備えた「バーチャル・ナラティブ（仮想の物語）」の空間を創造するために設立した。

この店は、卓越した編集の技（キュレーション）による食、ファッション、アート、音楽、ライフスタイル、デザインが詰まった、まるで生きている雑誌のようだ。そして、買い物客や訪れる人は、雑誌を読むように、店内を存分に堪能するのだ。買い物客は、触れたり、握ったり、試してみたりと、家にいる時と同じように製品を自由に体感することができる。

商品のキュレーションも独特で、多種多様な文化が混ざり合っており、多くのものが職人による作品やハンドメイドだ。他の百貨店と同じものは置いていない。したがって、ここでは店内を歩き回るというショップ体験自体が特別で楽しい上に、携帯電話を取り出して、店で見たアイテムをアマゾンで購入することはできない。

俗に言う「ショールーミング」（実店舗に訪れて現物を確かめた後、オンラインで安く購入すること）ここ数年、ほとんどの小売業者の悩みの種だが、ディエチ・コルソコモはこの問題とは無縁である。しかも、それほど顧客の美意識をくすぐり、驚きを生むアイテムを揃えているのに、売場面積は二千三百平方メートルほどと、一般的な百貨店の約二〇パーセントしかない。


ドーバーストリートマーケットも同様に、物語を語るようにブランドやアイデアを伝える。ディスプレイはいきいきとして創意に富み、製品やそのデザイナーのストーリー、さらには潜在的な顧客についてのストーリーまで語っている。

創業者の**川久保玲**《かわくぼれい》はレポーターのインタビューに次のように語った。

「多様な背景を持つ多彩なクリエイターが、美しきカオスという空間の中で一堂に会して思いがけない出会いを果たし、強力なヴィジョンを持った異質なソウルが混ざり合い、一体になるマーケットをつくりたいのです[11]」

ロンドン店舗の一角には、椅子がまるで彫刻の樹木のような形に積み上げられ、その「枝」に帽子が掛けてある。そこから帽子をひょいと手に取ってかぶってみても構わない。店舗内のナイキショップでは、アイテムがユニークな方法でまとめてディスプレイされている。ナイキのトレーニングウェアはもちろんオンラインでも買える。しかし、ドーバーストリートマーケットのナイキショップには、巧みに買い物客を惹きつけ、その時にその場で来店者に購入を決めさせる力がある。イベントスペースとして店舗の魅力を倍加させることで、ナイキのショッピング体験がさらに素晴らしくなるのだ。

　ドーバーストリートマーケットは、**ディスプレイの方法が型破り**だ。椅子を積み上げてその上に帽子を引っ掛けることもそうだが、思いがけないディスプレイはあちらこちらで見られる。商品を積み重ねたり吊《つ》るしたりして、多角的にディスプレイを構成する方法は、従来型の百貨店でよく見られる整然と衣類棚が並んだ売り場とは大きく異なる。その結果、他では味わえない、探検のようなショッピング体験が可能になるのだ。

　顧客は、なんでも取り揃えているが「刺激のない」ショッピング体験ではなく、斬新さと驚きに満ちた体験を求めている。ドーバーストリートマーケットの異彩を放つディスプレイや商品は店の美意識を体現し、顧客の願望や渇望に応えている。

　マンハッタンにある**ABCカーペット&ホーム**は、ディエチ・コルソコモとドーバーストリートマーケットのどちらよりも、はるかに広い。だが、この店が独特なのは、広い店内で幅広い製品を提供しているにもかかわらず、「誰に何を提示するか」ということにはっきりと焦点を絞っている、ということだ。

　このABCの旗艦店はワンダーランドのようだ、と私はよく思う。きらびやかで色彩豊かなシルクの敷物が重ねられ、様々な装飾を施したクッションが積み上げられ、ヴィンテージとモダンな家具が交錯《こうさく》し、思いもよらないものを発見することも多い。ＡＢＣはブランド品や高品質の製品だけを扱う。すべてが非常に高額で贅沢だが、それを申し訳なく思っている様子もない。しかし、ＡＢＣはどんな訪問者も快く受け入れる。たとえ新しい発想やインスピレーションを求めるためだけに来店するのであってもだ。実際、ＡＢＣの店舗は街を訪れる人にとっての目的地になっている。

「販売フロア」でなく「劇場」として見せられるか

ここで取り上げた三つの小売店に共通するのは、**その空間を販売フロアとしてではなく、劇場として見せている**ことだ。いずれの店舗もレイアウトには余念がなく、直線の少ない、遊歩道のようなスペースをつくる。あらゆる曲がり角に驚きがあり、一つひとつのディスプレイにストーリーがある。

多くの小売店はありふれた（長方形か円形の）陳列棚、不気味なマネキンなど、従来どおりの無難な商品陳列の手法をとる。このやり方は、今の時代にはもはや通用しない。消費者は、そうした直線的な陳列は見飽きており、そこに陳列されているものに目をくれることさえしなくなった。

ここで取り上げた三店舗は、それぞれの地域の消費者を理解し、その要求を満たしている。

そして、さらに重要なのは、いずれもが**規模の拡張を控え、その代わりにショップ体験の豊かさや永続を目指している**ことだ。

ギャップ、シアーズ、J・クルー、ヘンリ・ベンデルのように精力的に規模を拡大してきた小売業者は、必然的にあらゆる困難――市場の変化にすばやく適応すること、大規模事業につきものの巨額な運営費の工面など――に直面した。実は、ABCカーペット&ホームは数年前、一九八〇年代や九〇年代に拡大した事業のダウンサイジングを行なった。これが既存のニューヨークの店舗を強化し、事業の中核となる価値観の維持に貢献したと私は信じている[12]。

私が紹介した三つの小売店は、多くの人たちの要望に広く浅く応えようとするのではなく、**狭いところに深く入り込み、ニッチな消費者や有意義なショップ体験を求める人を追いかけている**。そうして顧客の忠誠心と好奇心を高め、顧客を再来店へと導く。焦点深度を絞った戦略の核心にあるのは、美意識だ。

ここでの最大の教訓はこうだ。右の三つの小売店や、すばらしい製品を選りすぐり、常に店舗を進化させている小売店のリーダーは、みなキュレーションの力を信じている。キュレーションのチームは、美意識に基づいた明確なビジョンと自信を持ち、それらすべてを堅実に体現する努力を惜しまない。

これら三つの小売店が、今後も顧客を重視したキュレーションにこだわり、意義ある体験を提供するなら、長きにわたる繁栄と持続可能な経営モデルを実現できるだろう。

その空間は「誰がどのように」使うのか

パーソナル・スペースをキュレーション（特定のテーマに沿って整え、新しい価値や意味を加えること）する際の過程について考えると、ビジネスでよりよい決定を下すための準備をする際に役立つだろう。人の筋肉もそうだが、キュレーションのスキルは訓練によって鍛えられる。また、自身のセンスを磨き上げ、人生において自分にとってベストなもの、そうでないものが明確に理解できるようになれば、その能力や眼識はビジネスにも活用できる。また、顧客からの絶大な信頼も得られるだろう。

住宅、オフィス、小売スペース、製品をデザインし、キュレートする時は、そこを使う人たちのことを常に念頭に置いていなくてはならない。これまで述べたように、あなたがその空間をどのように利用するか（あるいはどのように食を体験し、どのように服を着るか）について考えれば考えるほど、他者の気持ちにいっそう配慮するようにもなる。

インテリア・デザインにおいては、その空間を誰が使うのか、どのように活用するのかを突き詰めて考えること。するとおのずから（真剣に取り組む気があればだが）、どのようなデザインをするか、どのアイテムを、空間のどこに、どのように配置するかに焦点を当てるようになる。

私たちはその空間で、どのように暮らし、感じたいのだろうか？　難しく考えすぎなくていい。殺風景で張りつめた空間は誰も求めていないだろう。また、その空間にユーモアがあれば、そのおかげで気分は落ち着き、愛着も湧いてくるだろう。ユーモアというのは重要なコミュニケーション手段で、多様なメッセージを伝える。特に、デザインにおいては（洗練されたデザインも含めて）そうだ。陶芸家のジョナサン・アドラーは、こうした考えをもとにビジネスを立ち上げ、風変わりな像とアイコン的なモチーフを組み込んだ作品を製作した。

ロサンゼルスを拠点とする建築家、および家具デザイナーである、アイスランド出身のグラ・ヨンスドッティルにも注目してほしい。

ヨンスドッティルが得意とするのは、環境と調和する機能的な空間や家具のデザインだ。氷河や火山に囲まれた北欧の島アイスランドで育ったヨンスドッティルは、自然を体感できるユニークな空間をつくる。有機的な形や曲線、大理石などの天然素材、中間色を用いた彼女のデザインは、アイスランドの火山、漆黒の溶岩、たち込める灰色の霧、幻想的な海景への敬意の表われだ。しかし、大学で数学を専攻していたこともあり、デザインは精密で、幾何学的でさえあり、さらには人が空間をどのように動き回り活用するのかが計算されていることがわかる。

ヨンスドッティルがデザインした部屋や空間は心地よい寛《くつろ》ぎをもたらすが、用途や雰囲気をはっきりと意識してデザインされている。ヨンスドッティルのような「ビジネス界のアーティスト」の作品からは、**ビジネスにおける美意識は、個人の感性や直感を基盤にしていても、計画的、戦略的に構築されるべき**であることを学べる。

「どんな気分になりたいか」から考える

二〇一四年、私はニューヨーク郊外に家を購入した。敷地は広く、そこそこの物件と言えそうなものだった。私は、何カ所かリフォームすることにした（キッチンキャビネットとカウンタートップを新しくし、新品の電化製品をいくつか揃え、壁のペンキを塗り替えた）。そして、その時はせいぜい六カ月で暮らす準備が整うだろうと思ったのだ。

だが、甘かった。リノベーションのために、親しい友人で才能豊かなインテリア・デザイナーのアーマン・オルテガに協力を依頼したのはいいが、数週間のうちに単純な表面的作業だけではすまないことに気づいた（中古の家を買った人は、多かれ少なかれ経験しているだろう）。

六カ月ほどの小旅行として始まったものが、結局二年にわたる苦難の長旅となってしまったのだ。だが、私自身の美意識を磨くという観点では、多くの気づきをもたらしてくれる貴重な経験となった。

私は色やスタイルにはいつも敏感だったが、繰形《くりかた》（部材を刳《えぐ》って曲面になった部分で、建築や家具の部分装飾に使われる）や照明などのインテリアに関する知識がなく、それらが空間の雰囲気にどのように影響するかなど考えたこともなかった。以前の家で使っていた家具も当然のごとく新居で使うつもりでいたが、それらの雰囲気や色合いが必ずしも新しい家の建築スタイルや立地に調和するとは限らないことなど頭をよぎりもしなかった。

しかし、ちょっとした選択（ドアノブはクリスタルにするか真鍮《しんちゅう》にするか）すら、私自身が懸命に追い求めていた「美意識」に磨きをかけてくれることがわかった。予算に限りがあったこともあり、大枚を叩《はた》かずとも、自分の美意識を反映して望みを叶える方法があることも知った。

リフォームに着手するにあたり、**ムードボード**と呼ばれる（後で詳述する）キュレーションの手法を利用した。カラースキーム（色彩設計）、家具、素材（カウンタートップ、フローリング）、さらには電化製品などのアイデアを求めて、私は専門誌を何冊も熟読した。塗料の見本や生地見本、堅い素材や柔らかい素材を見比べ、それらの切れ端を集めてムードボードに並べた。

当初、様々なスタイルに興味を惹かれた私は考えがまとまらずにいた。そこで、「どれが好きか？」と自分に問うことをやめた。その代わりに、**「この部屋では、どんな気分になりたいか？」「この部屋では、どのように生活したいか？」**を問い、そこから自分の好みをまとめることにした。

この問いは、キュレーションを行なう上で、とても役に立った。「私が一番好きなもの」によってだけではなく、「私が求めている雰囲気や空気感」によってもまた、私自身の嗜好や審美眼を知ることができるからだ。

例えば、寝室に私が求めるのは、静けさと安らぎだ。居間は、人が集まって意見を交わし楽しむ空間なのだから、大胆な色味と強いアクセントになる品が必要だ。キッチンはすっきりシンプルで、明るく、たくさんの人が座れるスペースを備えていることが望ましい。機能とメンテナンスのしやすさも重要だ。自分の好みをまとめたリストから、具体的に何を購入すればよいかを選択するプロセスは楽しく、その結果も満足のいくものになった。

インテリア・デザイナーのオルテガには、自宅の改修に協力してもらうのに先立ち、オフィスに手を加えるのに力を貸してもらった。

「チェアマン（社長）」という高い役職に就いていたにもかかわらず、私は自分のオフィスを企業の名刺のような（堅苦しくて儀礼的、よそよそしい）空間ではなく、私自身を感じられる（それぞれのよいところを生かして折衷していく、フレンドリーな）空間にしたかった。オフィス用に購入した私的なアイテムは、最終的に自宅の書斎にも置くことになった。

私にとって、仕事場での私という女性と、自宅での私という女性を調和させることは、とても重要だったし、価値のあることだと今でも思っている。

あたかも「映画を撮影している」ようなアプローチで

家の修繕に取りかかる段になって、オルテガは私に、あたかも映画の撮影をしているかのようなアプローチをするようにと教えてくれた。そこで、プロデューサーであれば尋ねるであろうことを私たちに質問した。第一の質問は、「各部屋の主人公や語り手は誰なのか？」だった。これはキュレーションにおいて、役に立つテクニックだ。自宅の部屋に（これは企業や製品でもそうだが）主役が多すぎるのはよくない。

「一部屋にあまりに多くの個性があるというのは、五人の主演俳優が舞台でいっせいに自分のセリフを言うようなものだ」とオルテガは言う。

「いったんその部屋の主役を決めたら——もちろん一人で十分——それ以外のことは、すべて主役を中心にして決めればいい」

私の居間の語り手は、剝製《はくせい》の孔雀《くじゃく》だ。これを中心として、どのような配色にするか、家具をどうするかを決めた。「カーペットはどちらにしよう、素材はどちらを選べばよいのか、と決めかねたら、いつもあの孔雀の色を思い浮かべる。そうすれば選ぶのが楽になる」とオルテガは指摘した。

洗練されたキュレーションは、何を選ぶか、何を優先させるかによって決まる。もし、室内にあるあらゆるものが同じような強度で主張していれば、どれも引き立たないし、その部屋を訪れた人は困惑し、面食らい、場合によっては「歓迎されていない」と感じるだろう。前述したアイエンガーの選択肢の研究と同じで、あまりに選択肢が多すぎる、あるいは極端に少なすぎると、人は困惑してしまうのだ。

よいキュレーションとは、適切なものを、適切に調和させることだ。インテリア・デザインであれば、古いものと新しいもの、あるいは保守的なものと奇抜なものを調和させることが肝心だ。余裕を感じさせる空間をつくりたいのであれば、これら対照的なものを並置することで、思いがけない効果を生むだけでなく、快適性も確保できるのだ。古いものと新しいものを並べておくことで、きちっとしすぎた感じ、堅苦しさがなくなる。これは不規則、不均整なものにも美を見出す、日本の「わび・さび」にも通じるように私は思う。

私がオークションで手に入れた長椅子をオルテガは気に入らなかったようで、「中国アンティークの螺鈿《らでん》細工の長椅子を購入したんだね。家で使いたいと思っているようだけど、僕だったら選ばないような品だね」と言った。

しかし、なんと言われようが、この長椅子は私の大のお気に入りであり、歴史や世界旅行、そして職人技に対する私のリスペクトを伝える品でもある。

結局、私たちは話し合いの結果、家中にさりげなくインドシナのアイテムを置くことでアンティークの長椅子とその他の語り手との調和をとる、という方法を無事に見つけることができた。

一部屋、あるいは家全体をキュレートする時には、特徴的なコードに気を配ること。コードについては3章で触れた。繰り返すが、あまりにコードが多いと、空間がそれだけで埋め尽くされてしまう危険がある。私はこの新居をデザインする際に、いくつかのコードを選んだ。「自然」「鳥」「古いものと新しいものの対比」、そして「奇抜なもの」だ。

自宅改修プロジェクトは、いうなれば、私の美意識の「トレーニング」、審美眼、柔軟性、スタミナを鍛える訓練となった。

今では新しい空間に足を踏み入れたり、新しい製品に目を向けたりする時に、デザイナーが行なった選択や、その選択の背景にある意図にも意識を向け、理解するようになった。そして、何が効果的で、何が効果的でないか、それはなぜかもはっきりと述べることができる。たとえ、それが私自身の美意識と異なるものであっても、だ。

私が自宅をデザインするために用いたキュレーションの原理は、ビジネスで戦略的に美意識を用いる場合にも使える。たとえ創造性が必要ではない立場にいるCFO（最高財務責任者）であっても、「情報を収集、整理し、テーマに沿って位置づける」というキュレーションのプロセスを体得して実践すれば、創造性が極めて高い人を見出し、その人と連携する能力が身につくだろう。そして、あなたのビジョンを明確に伝えるという職務を負ったクリエイティブ・チームと働く時にも、彼らにあなた自身の感覚的な戦略をはっきりと伝えられるようになるだろう。

超実践的演習――「ムードボード」

先ほど述べたムードボードは特定のプロジェクトやコンセプトのために、デザインの方向性を定めるもので、キュレーションに着手するための便利なツールだ。写真・画像、素材、質感、テキスト、そしてその他の視覚的手掛かりをコラージュしていくことで、スタイル、コンセプト、そこから受ける感覚や感情を把握することができる。
「ムードボード」を作製することには、次に挙げる三つの効果がある。

1 選択、トレードオフを迫られる。つまり、ボードにどの要素を含め、どの要素を含めないかを見極めねばならない。

2 ボード上の要素の適切な配置について考えたり、試してみたりする必要に迫られる。つまり、説得力のあるストーリーをつくりあげるにはどのように要素を組み合わせるかを決めなければならない。

3 視覚的要素その他と、自身が引き出したい感情とを結びつける根拠、拠りどころを提供する。

キュレーションにおける第一のステップは、どんな場合でも、写真・画像、言葉、質感、素材という形でアイデアやインスピレーションを集めることだ。そうすると、自分が好むものは何か、各パーツがどのように引き立て合って物語やメッセージを生み出しているのかがわかるようになる。

第二のステップは編集だ。この作業は、たいていの場合、難易度が高い。ここでは、どの要素を残し、どれを削除すべきかを判断する。

そして、第三のステップは配置だ。各要素はどのようにつながり、どのような情報を共有するかを見極める。

ムードボードの威力は、あなたが選んだ画像や写真そのものではなく、選び出したすべてのものをどのようにつなぎ合わせるか、というところにある。陳腐な絵や写真を並べるだけでは駄目だ。古い写真を使ったり、質感がわかるようなもの（金属製のチェーン、サイザル麻の切れ端《はし》、塗料の見本、小さな石片など）を具体的に見せたりしてほしい。矛盾があっても構わない。対照的なものや多様な特徴も受け入れるのだ。正反対なものは、どのように作用し合うだろうか？

様々なものを並べ始めたら、さらなる編集が必要だと気づくかもしれない。選んだ後に削除するものもあるだろうし、見直したり改善したりするアイデアも少なくないだろう。ムードボードの真骨頂が発揮されるのは、思慮深く編集してつなぎ合わせたものが優れたストーリーを語り、明白なメッセージを伝え、強い感情を引き出した時だ。

ムードボードのガイドライン

ハーバード大学の学生がムードボードをつくる際に、私が提示するガイドラインをここでご紹介しよう。

Ｉ 中心となるテーマや目的を選ぶ。そして、最も重要な構成要素が目立つように飾られていること、視覚に訴えるもののパターンと配置によってストーリーが十分に伝わっているかを確かめる。

2　自分こそがキュレーターだと思うこと。自分の心に触れ、自分が伝えたい雰囲気とテーマを捉えているアイテムを組み入れること。

3　写真を撮ること。さらに、インスピレーションを得るためには、外観だけでなく触感も伝わるようにすること。できれば、質感を把握するための素材見本や小さなアイテム（錆《さ》びた釘《くぎ》やプラスチックなど）も取り入れよう。

4　写真などとともに、キーワードやフレーズも慎重に選んで含めること。

5　スピーチをしたり物語を語ったりする準備をする時のように、ボードのあちこちに説明や「ストーリー」を入れ込むこと。レイアウトやフォーマットに注意すること。

6　感情的な反応を引き出すことを目標にすること。自分のボードを第三者に見せて、彼らから情緒的な反応が返ってくるかを確かめること。自分が感じたように他人も感じるかどうかを調べること。

7　プロセスを楽しむこと。気張らず、思いもかけないやり方で、いろいろ試してみること。

創造的なものを生み出そうとする時、そしてキュレーションを行なう時、要となるのは、**表現力（アーティキュレーション）**だ。ここでいう表現力とは、自分がキュレートした内容と、その意図について、**明確に歯切れよく伝える能力**だ。

あなたはビジネスパーソンとして、顧客や同僚、その他の関係者に向けて、戦略の基盤である美意識をどのように伝えることができるだろうか？　あなた自身が説得力を持って伝えるのはもちろんだが、他の人（チームメンバー、販売会社など）があなたの戦略を理解し、実現し、強化できるように表現しなければならない。それについては、次章で取り上げよう。

Chapter

8

「言語化《アーティキュレーション》」された時、すべてが浮かび上がってくる

……人物・製品・サービスの「核心」の見せ方

想像してみよう。

あなたは、見事にデザインされ、社会的な意義もあって、センスのいい製品を開発した。強力なコードもあるし、五感を刺激してくるし、巧みなキュレーションも感じられる——つまり、これまで述べてきた「審美的な基準」をすべてクリアしているし、すばらしい出来栄えだ。おとなしく棚に陳列させるだけで見つけてもらうのを待つべきではない。一刻も早く、顧客や関係者（チームメンバーや販売店）に実際に見て、手で触れて、体験してもらい、この製品がどんなにすばらしいか、どれだけ利益をもたらすか、直感的に理解してもらいたい。そして、この製品を熱心に販売してもらいたい。

この願いを叶えるには、**「表現力（アーティキュレーション）」**が不可欠だ。何か新しいことを理解し受容してもらおうとする時、鍵となるのが**「言葉にする力」**なのだ。

表現力（アーティキュレーション）とは、美意識に基づいた戦略、究極的な目標、理想を、言葉やストーリーテリング、その他のコミュニケーション手段を使って、明確に、爽やかに、歯切れよく伝える力のことだ。美意識の感じられるマーケティングやメッセージングも、そこに含まれる。（訳註　articulationとは、思想・感情の言葉による表現の意）

感覚の鋭い人ほど「人任せ」にしないこと

本書で幾度も述べたが、どんな製品やサービスでも、優れたデザインが成功の鍵だ。しかし、美意識を表現するための雛形《ひながた》となる**「クリエイティブ・ブリーフ」**（広告やマーケティングの指針となる戦略をまとめあげたもの）も、製品やサービスそのものと同じくらいに重要である。これは、製品を特定の文脈に沿って位置づける際に、作家やビジュアルアーティスト、デザイナー、マーチャンダイザーなど、創造的な仕事を担当する人たちにとっての指針となるものだ。ターゲットとなる消費者を定義し、そのターゲットにどのような手法で、どんなメッセージを届けるのかを示す青写真でもある。

クリエイティブ・ブリーフは、製品に関わるすべての人が理解しなくてはならない。組織のスタッフはクリエイティブ・ブリーフの目的と用途を十分に把握しなくてはならないし、消費者はそこに表現されていることを享受《きょうじゅ》すべきなのだ。**クリエイティブ・ブリーフは、「社外」に向けた「社内」の行動指針**とも言えよう。

クリエイティブ部門の人はむろん、こうしたクリエイティブ・ブリーフの概要を作成できる。だが、それらは本来、**管理責任者（理想的にはＣＥＯ）が先導して作成すべき**だ。

実際に、優れた企業リーダーたちは、このような重大事を部下に任せたりはしない。分析や財務、営業業務ばかりではなく、事業のクリエイティブ・ディレクションにも精通し、熱意を注ぎ、舵取《かじと》りをしている。

スティーブ・ジョブズは、アップル製品の機能性や販売戦略はもちろんのこと、美意識やデザインにも心を配っていたことはご存じだろう。だが、彼のように現場で陣頭指揮を執るリーダーは、依然として稀だ。

何度も繰り返すようだが、「ビジネス脳」と「クリエイティブ脳」を分けるのは、時代遅れとなりつつある。

だから私は、クリエイティブな仕事をしている人に限らず、すべての知的職業人に、自分が扱う製品のクリエイティブ・ブリーフをつくることをお勧めしている。

本章では、クリエイティブ・ブリーフの構成要素に注目するとともに、企業リーダーは美意識を基盤にした経営でどのように利益をもたらすことができるか、実例を見ながら掘り下げて考えよう。

「言葉にできる」という途方もない価値

美意識を感じられる言葉で表現する時に最も重要になるのは、**具体性**だ。目的を伝え、製品に価値を吹き込み、消費者から強力で前向きな感情を引き出すためには、「具体的に表現すること」が肝要なのだ。

さらに、表現が具体的であれば、チームがあなたのビジョンを正確に理解し、形にし、補強し、職務を遂行できるようにもなる。具体性があれば表現が明確になるだけではなく、製品やサービスがいっそうユニークでパワフルな、印象深いものになる。その目的を達成するために、あなたのブランドもしくは製品を表現・説明する際に選ぶ言葉は、とてつもなく重要だ。曖昧さは許されない。

例えば、よい、おいしい、柔らかいといった形容詞は一般的だが、快活な、しょっぱい、ゼリー状の、といった言葉は、より具体的に情報を伝える。あなたが選ぶ言葉は、あなたの製品（あるいはサービス）を使う時の光景を彷彿とさせるものでなくてはならない。

英語以外の様々な言語には、英語にはない表現や、特殊な感情を伴った体験を伝える言葉がたくさんある、とイースト・ロンドン大学でポジティブ心理学および異文化辞書学を研究するティム・ローマスは言う。[1] そうした言葉を学ぶことで、何かを体験した時の微妙な感情の差異をより深く理解できるようになるはずだとローマスは考えている。

もしもローマスの言うとおりであるなら、人間の感情を描写する新たな方法を学べば、より正確にその時の体験を把握できるようになるし、そうして得られた表現力を製品の描写をする際に生かすこともできる。[2]

ローマスが「英語には存在しない表現」を探求するようになったきっかけは、フィンランド語の「sisu（シス）」という言葉との出合いだった。この「sisu」とは、逆境に直面した時の驚くべき決断力や頑固さを意味する。

「grit（根性、気概）」、「perseverance（忍耐）」、「resilience（立ち直る力）」などの言葉では、「sisu」に秘められた強い感情や内面の強さを十分に表わせない、とフィンランド人は言う(3)。

ローマスの辞書学リスト(4)に載っている言葉には、この他に、アラビア語の「tarab（タラブ）」（音楽が誘発する恍惚《こうこつ》状態を表わす）、中国語の「圓備（ユアンベイ）」（申し分のない、最高の達成感を表わす）、サンスクリット語の「sukha（スカ）」（置かれた状況に左右されない真の幸福を表わす）、ドイツ語の「Sehnsucht（ゼーンズフト）」（手に入らないものや状況、あるいは人への渇望、憧憬《しょうけい》を表わす）などがある。

ローマスのサイトには、非常に多くの翻訳不可能な言葉が掲載されている。それらの言葉はどれも、ある特定の状況における感情を描写するもので、その中には、私たちが伝えようとしている感情にぴったり当てはまる言葉、生み出そうとしているものに関係する言葉も、あるかもしれない。

「伝わるメッセージ」をつくる四つの問い

自分が用いる言葉（あるいは文章）の一つひとつが正しい選択であるかどうかを見極めるために、次の問いに答えてみよう。

1 その（マーケティング）メッセージは、あなたの製品を正確に説明しているか？ その言葉から、人はあなたが思い描いているとおりのイメージを思い描けるだろうか？

例えば、バーバリーの代名詞とも言えるあの柄は、単なる「格子柄」ではない。黄褐色、黒、赤のタータンチェックは「ヘイマーケットチェック」と呼ばれる。

ケンタッキーフライドチキンは自社のフライドチキンを「delicious（おいしい）」ではなく「finger lickin' good（指までなめるほどおいしい）」と描写する。そもそも、ケンタッキーフライドチキンは、（フライドチキンの本場はアメリカ南部なのに）なぜ、あえてケンタッキーにしたのだろう？

それは、創業者のハーランド・サンダースが、自分のレストランと南部にあるすべての競合相手から差別化したかったからだ。当時、「ケンタッキーからやって来た製品」という表現はめずらしく、アメリカ南部の素朴な温かみを連想させるものだった。

2 そのメッセージは「所有者」と不可分か？

人はその言葉から、あなたの製品を直ちに識別できるだろうか？

例えば、**「The Happiest Place on Earth」**（地球上で一番ハッピーな場所）という表現を耳にすればディズニーランドを思い出す。**「Just Do It」**というスローガンは、一瞬でナイキにつながる。同じことは、マックスウェルハウスコーヒーの「Good to the last drip」（最後の一滴までおいしい）にも言える。

さらに言えば、文章よりも一つの単語で表現されていたほうが、より強くその製品やブランドと結びつけられるだろう。ＩＢＭの**「THINK」**（思考という意）は歴史あるモットーだ。現在では、**「search」**（検索する）と言えばグーグルに結びつく。

言葉一つひとつを慎重に選択することで、個々の製品の魅力を高めることもできる（そして売り上げも上がる）。

例を挙げよう。マクドナルドが販売するのは、ありきたりのハンバーガーや朝食のサンドウィッチではない。それらは、**「ビッグマック」**であり、**「エッグマックマフィン」**だ。

同じように、ベン＆ジェリーズのフレーバーは、チョコレート、バニラ、ストロベリーのような一般的な名称ではなく、「チェリーガルシア」「チャンキーモンキー」「コーヒートフィーバークランチ」のように、はっきりと他と差別化されている。

化粧品ブランド、ナーズで一番の売り上げを誇るピンクピーチのチークは、**「オーガズム」**という商品だ。これは一九九九年の発売当初からのヒット製品だ。消費者はその色合いと同じくらいに、そのネーミングに恋するのだろう。

トム・フォードの最新フレグランスは、単にファビュラス（すばらしい）なのではなく、**「ファッキン・ファビュラス」**である。(5) 二五〇ミリリットルのボトル一本で八〇四ドルだが、売り上げの伸びは順調だ。愛しい人からそんなふうに思われたいと願う女性は、どうやら世の中にごまんといるようだ。

企業や製品を的確に描写する言葉を決める際には、オーディエンス（信奉者、支持者）のことを理解しなくてはならない。

あなたの製品に出合う前、彼らはどんなことを感じていたのだろうか？　あなたの製品の品質や魅力、そしてそこから得られる利点をどのように感じ取っているだろうか？　顧客に何を想起させたいのだろうか？　あなたの手掛ける製品によって、どんな感情をかき立てたいのかを、言葉にして表現してみてほしい。顧客が製品に触れた時、あなたは彼らにどのように感じてほしいだろうか。

3 あなたが伝えたいメッセージは、提供したいと考える体験の核心部分なのか、付随的な事柄か？

ハーバード大学で論文の課題を出すと、学生はページの隅《すみ》から隅まで冗長な文章で埋めることが多く、注目に値する論文はほんの一握りだった（百本を超える論文を評価しなくてはならなかったのだから、その苦労と苛立ちは想像がつくだろう）。

クリエイティブ・ブリーフでは（学生の論文もそうだが）、言葉の一つひとつに重みがなくてはならない。アーティキュレーション（言葉による明確・明瞭な表現）の際に要となるのは、情報を正確に伝えることだけではなく、**パワフルで訴求力があり、記憶に残る表現**である。月並みな決まり文句、陳腐な表現、ビジネス用語では、あなたが訴えたいことは伝わらない。

4 あなたのメッセージは、製品と企業の全体的な方向性を反映しているか？

製品の属性や美意識だけではなく、企業の価値観もその言葉に反映されているだろうか？

クーラーボックスメーカーのイエティは、次のようなステートメントを掲げている。

「日々、全力投球する人が渇望するのは、『人跡未踏の地』だ。そこは海抜高度一万五千フィートの上空、あるいは最後の停止信号から千マイル先の地であるかもしれない。追い求めるのは、仲間との戯《たわむ》れや、些細な発見と喜び、自然との語らいといった純粋な幸福。そして、もう一マイル進むことに自らを賭ける意志堅固な仲間と、肩を並べて佇《たたず》む場所だ。あなたにとっても彼らにとっても、心から求めるのであれば、到達できない地などありはしない(6)」

これらの言葉から、ブランドが提示するのは、毎日使える製品、厳しい自然条件にも耐え、態でも壊せないような製品、心身ともに限界を超えていこうと試みる人たちのための製品であることがありありとわかる。その語調は、製品に込められた感覚的な意図・趣旨とよく調和している。

「ストーリー」こそ信頼性と信用の土台

「ナレーション」つまり「物語ること」は、単なる言葉やフレーズの範囲を超えている。そこには物語、歴史、企業に伝承されてきたこと（そして伝説）、創業理念、存在意義、目指すべきところ、目標とするところ、教訓などが包含されている。近年、多くの企業はウェブサイト上に「当社について（あるいは当社の製品について）」のセクションを設けている。人々は、自分がどんな相手と取り引きをしようとしているのかを知りたがる。ティファニーやシャネルのように長く輝かしい伝統を持つ企業にとって、企業のストーリーを伝え、信頼性と信用を確立し、次世代へ情報を引き継ぐ上で、歴史やレガシーは重要だ。若い世代は、その母や祖母たちほどは、その企業の功績について知らないかもしれないからだ。

知名度の高いブランドにとって、社会との関わりは欠くことができない。それゆえにティファニーは、サステナビリティ（持続可能性）とダイヤモンドの採掘について明示するページをウェブサイトに設けている[7]。努力が認められるか否かにかかわらず、ティファニーは一貫して、ダイヤモンドの採掘と環境をめぐる問題への鋭い認識と取り組みを表明している。

一方で、もしもあなたの製品や企業が存在価値を示せないなら、市場からは消える運命にある。そして、存在感の薄かった商品やサービスがなくなっても、それに気づく人も、気を揉む人もいないだろう。

いかにして「目新しさ」「遊び心」を伝えるか

創業から日の浅い会社であっても、特に成熟産業においては、魅力的な物語を提示することで消費者が買いたいと思うものを生み出し、それまでなかった需要を喚起することができる。そのためには、説得力のある言葉や表現で、既存製品との明確な違い、市場にある他社製品より優れている点、そして他にはない独自性を強調するべきだろう。

新しい企業においては、当然のことながら、目新しさや遊び心、洗練されたテクノロジー、物珍しさが大きな魅力となる。このように新しさは否定的なもの（新しいがゆえに実績がないもの）ではなく、喜ばしいもの（画期的で刺激的なもの）として提示できるのだ。

歯ブラシの製造・販売を行なう新興企業、**クイップ**のホームページを見ると、「当社について」で次のように述べられている。

「クイップは、歯の健康を何よりも優先し、歯科医と共同開発した歯ブラシです。人と環境に優しい歯ブラシであるように、改良を続けています。二十四時間、年中無休で皆様にご奉仕し、口腔ケアでのワン・ストップ・ソリューションに尽力いたします(8)」

クイップが生まれた背景を知れば、この言葉にもうなずける。この歯ブラシを生んだのは、歯科医のひと言だった。創業者はニューヨークにある近所の歯科診療所を検診のために訪れ、歯科医から「市販されている中で、最も安価な電動歯ブラシでも、それを使えば歯に力をかけすぎずに磨けますよ」と勧められた時、気づきとひらめきを得た。

多くの企業が何年にもわたって歯ブラシのイノベーションを行なっていたが、歯磨きからは芳《かんば》しい結果（つまり、歯がいい状態で保たれている）が得られていなかった。それどころか、歯磨きが抱える日常的な問題、例えば、強く磨きすぎて歯を傷める、磨く時間が足りない、一日に一回しか磨かない、寿命がきてもブラシを取り替えないといったことには全く目が向けられていなかったのだ。

クイップは、同社の歯ブラシが患者と歯科医が抱えるこれらの根本的な問題を解決できることを、言葉と製品で示した。「歯磨きするのが、もっと簡単になる」と感じさせることによってである。

オーガニックジュース市場に新規参入した企業、**スージャジュース**もまた、説得力のある語りを大いに活用した[9]。製品誕生の背後にあったのは、オーガニックジュースが高級なジュースバーでしか見かけない高価な贅沢品であるのはおかしい、食料品店でも手頃な価格で入手できるべきだ、という創業者の強い思いだった。

同社製品のパッケージは、エネルギッシュなフォント、多種多様な色、読みやすいラベルのおかげで、店頭でひときわ目立ち、これまで高価なオーガニックジュースを利用できなかった人たちをはじめ、より幅広い層に支持され、たちまち人気の商品となった。

視覚的な「一貫性」とは

見た目は重要だ。消費者があなたの製品を最初に見るのが、インターネットに表示された画像を通してだとしたら、なおのことだ（私の本を刊行する出版社に聞いてみてほしい）。

また今まで以上に、製品の画像とパッケージングは、イラストレーション、写真、活字のフォント、マーケティングの資料に至るまで、すべての要素が製品を強化し、よく再現され、製品そのものと一体化していなくてはならない。言葉、画像、色合いや色調、空気感、個性――これらすべてを融合させるのだ。

あなたが選んだ画像は、企業の個性や使命を反映しているだろうか？　視覚情報や画像は、ブランドの独創性を示し、価値を余すところなく映し出し、ブランドの個性を表現しているだろうか？　目に訴える情報は、どれもターゲット層の心にも響かなくてはならない。

もしもブランドが最も伝えたい感情が「楽しさ」であるなら、人はその画像を見て、楽しいと感じるだろうか？　使っている色は楽しさを連想させるだろうか？　パッケージは楽しさを強調しているだろうか？

航空会社、ラジオ局をはじめとして多くの事業を展開するイギリスの**ヴァージン・グループ**は、視覚的に楽しさを表現している好例だ。ヴァージンの手書き風のロゴは、まるで創業者のリチャード・ブランソンがナプキンにいたずら描きしたかのようだ。そのロゴはエッジが利いて大胆不敵であり、ブランソン自身の向こう見ずで、押しが強くて、面白いもの好きな個性が表われている。

また、幼児向け番組専門のケーブルテレビ・チャンネル、**ニコロデオン**も視覚的に楽しさを表現している。オレンジ色のペイントしぶきの中に風船のような丸みを帯びた活字書体で「Nickelodeon」とあるのを目にするだけで、なんだか楽しくなってくる。オレンジ色だけでも楽しい気分にさせるが、遊び心に満ちた書体と合わさることで、いきいきとした雰囲気が伝わってくるのだ。

画像や視覚情報には、一貫性が必要だ。慎重に選んだ言葉と同様に、常にブランドに結びつき、ブランドを象徴していなくてはならない。消費者との接点となるウェブサイト、広告、店内ディスプレイ、ソーシャルメディアへの投稿など、ありとあらゆる面に、一貫した視覚的イメージを行き渡らせるべきだろう。

愛着心をかき立てる「パッケージデザイン」の力

パッケージデザインもまた、消費者の目を瞬間的に引きつける大きな役割を担うが、実は、視覚以外の感覚にも訴える力を持つ。「ニューロデザイン」と呼ばれる新しい分野では、人間の脳の機能についての知識を活用し、どのようなパッケージデザインが他よりも際立つのか、ブランドに愛着心を持ってもらうのに役立つのか、どのように活用すれば特定の行動や感情を消費者から引き出せるのかを理解すべく研究している。[10]

美意識をくすぐるすばらしい製品の中には、美しい容器に収められているものもあり、中味がなくなった後も、消費者は捨てるのを惜しみ、利用したり飾ったりする。そういうものは、以前は香水瓶やお酒の瓶など、少数のアイテムだけだったが、今ではガラス製のキャンドルホルダー、化粧品の容器、トマトの缶詰でもすばらしいパッケージデザインが見られる。中身の製品がなくなっても、保存容器や飾り物としてなど、他の目的で使うことができる。例えば、バージニアに拠点を置くイベントプランナーのナターシャ・ローラーは、チャーミングなデザインの缶を花器として使うために、わざわざイタリア製のビアンコディナポリのトマト缶を注文する。[11]

パッケージは、ブランド・ストーリーを一瞬で伝えなければならない。したがって、第一印象が大切で、消費者からポジティブな感情を引き出さなくてはならない。

さらに、同種の製品を多数の企業が販売している場合は、売り場スペースと消費者の注目を獲得するために、他社と競うことになる。優れたパッケージデザインは、製品の利点や価値、そして魅力を多数の競合製品よりも効果的に伝えることができる。そして何より、消費者から鍵となる感情を引き出し、強固にするのだ。

色は極めて重要だ。研究によると、製品の第一印象を決める要因の約九〇パーセントが色だという。消費者の約八〇パーセントは、色がブランドの認識度を高めると考えている。[12]

特定の色、例えば**黒は、ドラマチックな効果**を生むため、シャネルやグッチのようなファッション・ブランドが有効に取り入れている。**青は信頼性の高さ**を示唆し、アメリカン・エキスプレスやフォード・モーター・カンパニーが効果的に使っている。**緑は「自然」や活力の回復を想起**させる。この効果をスターバックスやホールフーズがうまく利用している。

すばらしいパッケージングの法則は他にもある。いくつかご紹介しよう。

優れたパッケージングに必ずある三つの法則

1 開封する時の「体験」を意識する

製品の美意識をどのように表現するのかを考える時は、「製品の包みを解く時の体験」も考慮に入れること。顧客は、その製品に実際に手を触れるまでに何をしなくてはならないのか？　あなたは顧客に何をしてほしいのか？

例えば、香水や宝飾品のような贅沢品であるなら、その宝物を箱から取り出すまでの体験も贅沢であるべきではないだろうか。上質な紙でつくった美しい外箱の中にもう一つ箱を入れる、もしくは薄葉紙で包むのもいい。そうすることで、「製品の包みを解く」という行為は特別な体験となり、興奮や喜びが増すだろう。

コンピューターやレンチのように実用的な製品なら、消費者が時間を無駄にせず、イライラせずに製品を取り出せるような最小限のパッケージが望まれる。こうした選択の一つひとつが、あなたの製品のコンセプトを強化する。

容器の開封方法もまた大事な要素だ。

例えば、炭酸飲料の製造業者は、缶の上部にあるプルタブを廃止し、もっと実用的で開けやすいものに変えることはできるが、あえてしない。というのも、プルタブを引いて開けるのが、シュワシュワと弾《はじ》ける泡を飲む前の「儀式的な所作」となっているからだ。プルタブを開けた時の軽いメタル音と気体の漏れる音、弾けた泡が鼻孔をつく刺激などもすべて、炭酸飲料の「パッケージ」の一部なのだ。

「ストレスフリー」のパッケージの重要性はますます高まっている。パッケージを開けることが楽しくも簡単でもなく、つまり「製品の包みを解く体験」「容器を開封する時の体験」から消費者に感じてほしい感情を引き出せないなら、パッケージデザインについて検討し直すべきだろう。簡単かつ手早いか、楽しくてわくわくするか。開封することも商品体験の一部と考えると、このどちらかであるべきだ。

二〇一八年九月、**アマゾン**は提携する数千もの販売会社に、パッケージによって生じるゴミの削減と梱包《こんぽう》の効率化を要請する文書を送付した。出荷に使う部材を減らすか、アマゾン箱の使用を最小限にとどめることを指示したのだ(13)。

オンライン・ショッピングの人気と環境の持続可能性に対する消費者の関心が高まるにつれ、多くの企業はパッケージングそのものについて再考せざるを得なくなっている。**P&G**は、主要製品であるタイド（洗濯洗剤）で、タイドエコボックスと称する新パッケージを開発した。これはボール紙からつくられており、四・四リットル入りのプラスチック製ボトルよりも約一・八キロ軽量ながら、洗える洗濯物の量は変わらない。このエコボックスは出荷の際にさらに箱に詰める必要がない。郵送するための宛名《あてな》ラベルは、製品に直接貼り付けられるからだ(14)。

消費者を苛立たせる、消費者に対する配慮が欠けるパッケージデザインは数々ある。小さくて判読しにくい文字、視覚を混乱させるような過剰なデザイン、無駄あるいは不必要なもの、開封する時にうんざりするほど過剰な梱包などがそうだ。開封の際にハサミやカッターなどの道具が必要だったり、力づくで引き裂くなどの労力を要したりする梱包も望ましくない。これでは、消費者の五〇パーセントは嫌気がさすだろう。

2 意義あるパッケージング

パッケージは、あなたの製品を象徴するものでなければならない。

環境に優しい食器用液体洗剤を販売するのであれば、そのボトルは生分解性プラスチックか、少なくともリサイクル可能なものでなければならない。**セブンスジェネレーション**という環境に配慮した家庭用製品やパーソナルケア製品のメーカーでは、現在、食器用洗剤に一〇〇パーセント再生ポリプロピレン（PCR）でできたキャップを使っている。そのキャップは主に、プラスチック製の衣類ハンガーをリサイクルして製造されている。

セブンスジェネレーションのCEO、ジョーイ・ベルクシュタインによると、同社はバージンプラスチックによるパッケージをすべて廃止する予定だという。資源循環において特に難しいのがキャップだ。だからこそ容器デザインの大手企業、トライコブラウンが開発した新しい「グリーン」キャップは意義のあるイノベーションと言えるだろう。(15)

おもちゃや小さい道具、娯楽用品、食料品や飲料を販売しているなら、製品が遊び心にあふれ、楽しいものであることを、パッケージングを通して効果的に伝えることができる。医薬品や工具を販売しているのであれば、パッケージングでは無駄を省き、製品の信頼性を伝えるべきだ。とはいえ、ここでも美意識が感じられ高い訴求力があるデザインにしなければならない。

3 五感を刺激するパッケージング

複数の感覚を刺激するパッケージデザインによって、訴求力は三〇パーセント高まることが研究で明らかになっている。(16)

消費者に陳列棚から商品を手に取ってもらうためには「プラス材料」が必要だ。それはつまり、模様や質感をおろそかにしてはならないということだ。触感がよさそうに見えれば、手に取ってみようという気になるだろう。浮き彫り細工や3D効果、手触り（滑らか、ひだ、リブ、起伏など）、ユニークな形、そして重み（手にした時の重量感）は、製品の魅力を高め、好奇心をそそる。(17) 製品を手に取ってじっくり見てもらえたなら、購入は半分決まったも同然だ。(18)

蒸留酒メーカーは、手触りのよい、一風変わったボトルを使用することが以前から広く知られている。二〇一六年、**キャプテンモルガン**は、パンプキンフレーバーのラム酒の季節限定ボトルを発売した。ジャック・オー・ブラストと呼ばれるこのラム酒は、ボトルの色のみならず形や手触りまでもパンプキンを真似た。オレンジ色の収縮性フィルムに包まれたボトルから、茎《くき》のようにザラザラした緑色のキャップに至るまで、外観も手触りも実にパンプキンそっくりだった。

近年、ワインのボトルにはスクリューキャップのものもある。こちらもコルク栓と同様にワインの劣化を防いでおいしさを保ってくれるが、多くのワイン好きにとって、ボトルのコルクを抜くという体験（そしてコルクが抜ける瞬間の耳に快い音）は味わいのうちであり、金属製のボトルキャップを開けるよりもはるかに官能的だ。コルク栓を抜けば期待は高まり、抜いたコルクも新たな体験につながる。

特別な日の思い出としてコルクを持ち帰る、趣味として収集する、はたまたコルクで作品（鍋敷きやリースなど）を創作する人も少なくない。製品を楽しみ、使い果たした後も引き続き、そのパッケージがいかに私たちを楽しませてくれるかを示す一例だ。どんなに特別な思い出のある日に飲んだワインだったとしても、ワインのスクリューキャップを集める人はいないだろう。

パスタソースを製造する**フランシスコ・リナルディ**は、瓶のパッケージに拡張現実（AR）技術を加えた。商品棚から瓶を手に取り、フランシスコ・リナルディのARアプリを使ってラベルを読み取ると、ブランドマスコットのリナルディ夫人から製品のストーリーを直接聞けるようになっている。

「ARを通じて、私たちは将来に目を向けています。テクノロジーに注目する一方で、伝統的なパスタソースのレシピとイタリア文化を守り続けるのが私たちの使命です」

と話すのは、ブランドを所有するリディストリ・フード・アンド・ドリンクでクリエイティブ・ブランディング・ディレクターを務めるメアリ・デマルコだ。

「私たちは考え方を刷新し、古いものに少し新しい風を吹き込むためにアプリを使用しています。おかげで、新世代にパスタソースのすばらしさを知ってもらうことができます(19)」

今後は、そのようなテクノロジーを活用する企業が増えて、消費者はリアルタイムでブランド・ストーリーに触れることができるようになるだろう。

「表現力を高める」ために不可欠なこと

◇長所・利点・価値

あなたの製品やサービスを一番喜んで買い、体験し、利用するのは、どんな人だろうか？

◇現状・背景

あなたの製品やサービスを利用する人は、現状ではどのように感じ、どのように思っているだろうか？

◇目的

あなたは、製品やサービスの利用者に何を体験してほしいのか？

◇将来像

顧客の夢や願望は何だろうか？

◇参考ベンチマーク

もし、他の企業が、その顧客の夢や願望を叶えられるとしたら、どの企業だろうか？

◇競合状況

競合企業の製品やサービスは、どのような感情を引き出すのか？

◇価値

あなたの企業はどのような文化を持っているだろうか？　あなたの企業の文化は、製品やサービスの目的や意義に結びついているだろうか？

業界の「熾烈な戦い」を制するために大切なこと

美容製品は、デザインやパッケージングの最先端を行っている。なんといっても、メイクアップ製品やモイスチャライザー、マスカラの世界の競争は熾烈で、しかもほぼすべてのブランドが同じ成分、同じ製法でつくっている。

だから、小売店の仕入れ担当者や美容雑誌の編集者、そして消費者から注目されるためには、製品やパッケージングを常に改良しなければならない。

美容製品をどのような言葉で表現するかは特に大切なことで、なぜなら美容製品を購入する際に、消費者は概して一つのブランドを強く支持する傾向にあるからだ。一度よいと思うものを見つけると、そう簡単にギアチェンジして効果がよくわからない新製品を試してみたりはしない。なかにはTシャツを着替えるかのように頻繁に他社製品に乗り換える消費者もいる（主に若年層がそうだ）が、長期にわたって信頼を寄せてくれる人たちこそが、化粧品会社にとってかけがえのない財産となる。

そのような主要顧客は、新しいものを試したがらないというわけではない。人はいつだってよりよい効果をもたらすもの、より心地よく香るもの、より多くの満足感を与えてくれるものを求めている。ただ、新しいものを購入するのであれば、その製品にはそれなりの価値があるという確信が欲しいのだ。そのために、試供品を出したり、店内に製品のテスターを置いたりするブランドもある。また、上質な外観や素材（プラスチックではなくて革、ガラスではなくてクリスタル、銅と鉛《なまり》の合金ではなくて真鍮）を使用したり、容姿のよいビューティスタッフを起用したり、ディスプレイに清潔感や秩序や一貫性を持たせたりと、製品に付加価値を与えて消費者の注目や信用を得るブランドもある。

「強い使命感」が生み出す超然な力

スキンケアブランドである**フィロソフィー**を見てみよう。フィロソフィーの市場への参入は思いがけないことで、当然のことながら、その成功を業界は驚きを持って受け止めた。

フィロソフィーは、美容製品にさほど大きな関心を示していなかった消費者や、美容製品メーカーが一般的にターゲットに含めない消費者の獲得に成功した。

クリスティーナ・カルリーノがフィロソフィーを設立したのは一九九六年だ。それに先立ち、カルリーノはバイオ・メディックという別の化粧品を医師や美容外科医の診療所を介して販売し、成功を収めていた。

「フィロソフィーを立ち上げたのは、私の知る女性たちの多くが、『美』というものの範疇《はんちゅう》から締め出されていることを知った時です。私がブランドを設立したいと思ったのは、そんな女性たちに、『美』というもの以外で彼女たちが大切にしているあらゆることについて語りかけたかったからです」

とカルリーノは話す。[20]

「フィロソフィーというブランドで伝えたかったことは、アンチ・ビューティでした。当時、消費者に押しつけられていた美の定義に、私は大きな疑問を抱いていました。なぜ女性はそれほどまでに化粧品に頼っているのでしょう？　化粧をしなければ美しくなれないのでしょうか？　なぜシンプルな香り、健康的な外見が美しいと思わないのでしょう？

私は自分の直感を信じて、業界に挑みました。私は気分よく生きたかったんです。そして、同じように感じている女性が多いことも知っていました。このブランドは女性を元気づけるために生まれたのです」

カルリーノがフィロソフィーの着想を得たのは、一九九〇年代の半ばのクリスマスに一人ぼっちで歩いていた時だ。余談であるが、イノベーションを起こした人たちがこのような形でひらめきを得るのはめずらしいことではない。視界がはっきりし、雑念が追い払われた時、コンセプトが見えてくる。カルリーノにそれが起きたのは、広大なアリゾナの砂漠を歩いている時だった。

「私は三十代前半で、仕事も、人間関係もうまくいっていませんでした。気づけば一人ぼっちだった。散歩に出た時、空の向こうに虹が見えました。魂が揺さぶられました。自分でブランドを立ち上げるべきだという確信はありませんでしたが、やってみようという気になりました。

その時、はっきりと意識した言葉があります。『Amazing Grace（アメイジング・グレイス）』『Hope in a Jar（ホープ・イン・ア・ジャー）』『Purity（ピュリティ）』――これらはのちに製品名になりました。私だけではなく、多くの人にとって、大きな意味のあるコンセプトです」

「アメイジング・グレイス」は、軽く、清潔感のあるフレグランスで、モダンクラシックな香水の仲間入りを果たした。「ホープ・イン・ア・ジャー」は大好評のモイスチャライザー、「ピュリティ」は洗顔料分野の売れ筋商品だ。カルリーノは熟練した錬金術師（アルケミスト）で、クリームやフレグランスや洗顔料を考案する技術と知識を持ち合わせていたため、製品の開発はさほど大きな壁にはならなかった。

新しい美容製品を生み出すにあたり、彼女が手を差し伸べたのは、従来の美容メーカーに相手にされていないと強く感じている女性たちだった。フィロソフィーが道を切り拓いたおかげで、幅広い層をターゲットにするセフォラやアルタ・ビューティーをはじめとした、新世代のニッチブランドや「インディーズ（大手に属さない）」ブランドも現われた。

フィロソフィーの製品は、カルリーノが必要性を感じ、強い使命感を持ってつくり上げたものだ。創業当時、巨額の予算があったわけでもない。フィロソフィーのパッケージは模倣されてきたせいもあり、今ではさほど特別には見えないが、一九九六年当時は革命的なものだった。シンプルで無色の容器に入っているため薬剤のようにも見えた。ボトルは黒、白、あるいは透明。中身は淡いイエロー、ピンク、あるいはグリーン。カルリーノはさらに、これらの容器にたくさんの言葉を記した。それは当時の美容品業界の常識とは相容れないものだった。フィロソフィー製品の瓶やボトルには、カルリーノが霊感を受けたすばらしい商品名だけでなく、それを使う人への励ましや、スピリチュアルな内容をも載せたのだ。

フォントの選択、小文字だけの使用も新鮮だった。

「私は小文字でしか書かないし、タイプする時も小文字だけです。それが好きなんです。大文字に魅力は感じません」

そしてマーケティング・キャンペーンでは、彼女はセピア色の古い家族写真をブランドのイメージとして使った。

「予算がそれほど多くないならば、自分の持っているものを使わなくてはならないのです。持っていた箱一杯の古い写真の中に真っ先に見つけたのは、小さい頃、姉と一緒に床の上で塗り絵をして遊んでいるところを写したものでした。メイクアップ製品にはぴったり。モノクロの写真を当時の美容品業界で使うのは、新鮮味があると思いました。写真は顔が見えないものが多かったのですが、その当時から、私は人種やジェンダーを問わない、すべての人に向けたインクルーシブな商品をつくろうと思っていたのです」

このようにしてフィロソフィーは独自の表現方法で当時の美しさの基準、文化の基準に挑み、美容業界から疎外されていると感じていた人たち、心にも体にもよいものを求める人たち、個性的な美を大事にする人たちを惹きつけたのだ。

「美しくある権利を奪われてきた女性たちにも、美しくなるための場所があることを知ってほしかったのです。一九九六年当時、彼女たちは美容業界によって誤解され、孤独を感じていたからです」

透明性もまた、フィロソフィーというブランドを象徴する重要な要素だった。

「真実とか透明性とかを強く意識していたわけではありませんが、とにかく、私たちが顧客のために何をしているのか、すべてを知ってもらいたかったんです。製品には何が入っているのか、顧客は自分自身のために何ができて、何をすべきでないのか——事実や私たちの考え方を伝えることが大事でした」

ベスパのスクーターはなぜ「人を誘惑し続ける」のか

J・D・パワー（顧客満足度の調査会社）が、年間のリセールバリューアワード[21]を決定するにあたり調査した全二十四クラスの乗り物の中で、**ベスパのスクーター**は七二・一パーセントというハイスコアを獲得した。

つまり、希少で収集価値のある乗り物を別にすれば、ベスパは路上を走る他のどの車両よりも価値が高いということだ。さほどスピードは出ない、ハーレーやホンダの小型オートバイほど馬力がない、というベスパの特徴を考えれば驚くべき高評価だ。

ベスパが成功を収めたのは、その**独自性**のおかげだろう。「ベスパは高級ブランドです」と話すのは、ベスパをはじめ高級ブランドのスクーターやオートバイを販売するモトリッチモンドの創業者、チェルシー・ラマーズだ。

「多くの場合、高級ブランドには競合相手がいます。でもベスパには競う相手が全くいません[22]」

誤解のないように説明すると、実際のところアメリカにはベスパよりも低価格でもっと売れているホンダやヤマハなどの快適なオートバイはある。最もベーシックなベスパの新製品、プリマヴェラは約三千八百ドル（約四十万円）だ。これには税金やディーラー料金は含まれない。最も高価なモデル、「946 RED」は一万五百ドル（約百十万円）だが、その売り上げの一部は、U2のリードボーカルであるボノがアフリカのHIVやAIDSと戦うために創設した慈善団体（RED）に寄せられる[23]。

それでも、ベスパと同様の名声や評判、歴史を持つスクーターは他にはない。一九五〇年代以降のイタリア映画を観れば、登場人物がベスパを乗り回すシーンを目にするだろう。今日も、ローマをはじめとするイタリアのどの都市でも、歩道脇にベスパが何台も整然と停められている。ベスパは美しいだけではなく、街中の狭い通りを移動する時に極めて機能的だ。こうして、ベスパの文化的側面と実用性が人々の潜在意識下で一つに合わさったことで、ベスパは自由、都会的、洗練、品のよさ、楽しさを暗示する製品になった。

このスクーターの魅力の一つは、**人を誘惑するデザイン**にある。今も昔も、ベスパはほとんど変わらないように見える。一九四六年のデザインは流線形で、今ではいくらかレトロ調に見えるものの、俗っぽくも古めかしくもない。数々の競合製品はかなり前に、部品の一部をコストのかかる金属から安価なプラスチックに変えたが、ベスパではそのような変更は行なわれていない。

簡単に言えば、ベスパは美しさと耐久性を兼ね備えている。他のスクーターは個々の車体パネルをフレームに接着しているが、ベスパはモノコック構造、つまりボディとフレームが一体となった構造だ。この構造のおかげで、ベスパは軽量で堅い。そのためベスパの魅力の一つである乗り心地の安定につながり、特に都市のアスファルトや石畳を走る時に、乗り心地のすばらしさを実感できる。

ベスパは、自身の存在価値をよく理解している。ベスパがその歴史やブランドへの反響を説明する際に選ぶ言葉は、「若さ」「自由」「情熱」「美しさ」「未来」という言葉だが、それはまさにベスパに乗った時に人々が抱く印象と同じである。[24]

ベスパは、顧客にとって有益と判断すればイノベーションにも前向きだ。ベスパの電動スクーター、エレットリカは、先進的なコネクティビティ技術が採用され、静音運転やカスタマイズが可能で、化石燃料を使用しないサステナビリティも実現した[25]。

しかし、ベスパのすばらしさを最も端的に表わしているのは、**ベスパに乗る人たち**だろう。彼らは、ベスパを所有しているプライドを、オフ会やソーシャルメディアで共有している（インスタグラムで #Vespa と検索すると五百万超のヒットがある。一般名詞の #scooter ではたった三万だ）。

「倫理的義務」から目を背けてはならない

優れたデザインの価値を論じる視点をさらに広げて、自分たちの製品を通して誰を喜ばせ、誰に刺激やひらめきを与えたいのかについて真剣に考察し、話し合う機会を持ってほしい。

エシカルな（倫理的な）ことへの関心は、アーティキュレーションと切り離して考えることはできない。倫理的な問題に対して、どう行動し、どのように考え、どう対処するかに、私たちは深く思いを致さなくてはならない。

なぜなら消費者は、企業が倫理的な問題にどう向き合っているかを知りたいからだ。そして、倫理的な問題を軽視する企業への消費者の視線は、今日、とても厳しくなっている。保険会社のアフラックの研究結果によれば、ミレニアル世代の約九二パーセントが、エシカルな企業から製品を購入したいと考えているという[26]。

消費者（そして地球）への倫理的義務の一環として、企業は自分たちの扱う製品がバイヤーにとって利益を生むだけではなく、地球環境や社会的な問題といった〝大義〟のための商品であることを伝えなくてはならない。社会は消費型から循環型へと転換しており、こうした取り組みは、今後さらに重要になるだろう。

大量消費主義は、第二次世界大戦後に始まり、少なくとも一九七〇年代、つまり貯蓄や節約よりも大量の物やサービスを消費することが第一義と考えられた時代の社会のあり方を支配した。本書の冒頭で指摘したように、これまで何十年も続いてきた、飽くことなき大量消費というライフスタイルはもはや終焉《しゅうえん》を迎え、多くの社会で懐疑と軽蔑の眼を向けられている。ミニマリスト志向が支持される一因もそこにあり、シェアリング・ビジネスが広がり、体験型ビジネスが成長しているのも同じ理由からだろう。私はこのような変化を歓迎する。私たちはあまりに多くのがらくたを所有しているが、それらのほとんどは価値も耐久性もなく、美意識も感じられない。

循環型社会への移行が進むにつれ、エシカル・マーケティングは広報戦略を超えたものになるだろう。なぜならエシカルの重要性を意識することが、ブランドと生産者が活動する際、すべてを下支えするものとなるからだ。これはつまり、マーケティングと広告は、注目を集めるものであるのと同時に、誠実で信頼に値するものでなければならない、ということを意味する。むろん、製品のパッケージは創造的かつエシカルでなくてはならないし、ブランドの価値は活気にあふれ、喜ばしいものでなければならない。

これは私個人の予測ではない。製品のイノベーションや生産に関わる実業家や経済学者など、多くの専門家が共有する見解だ。[27]

最終章では、さらに一歩踏み込み、未来のビジネスにおける美意識はどこに向かっていくのか、それを占う世の中の風潮や傾向について見ていくことにしよう。すでに起きている顕著な傾向についても指摘する。その他の傾向もいずれ表われてくるだろうから、読者は常に世の中の動きに目を光らせ、外部の潮流をうまく取り入れて、顧客が喜んで手に入れたいと思う製品やサービスを生み出してほしい。

第 III 部

〈美意識〉がつくり出す未来

Chapter

9

人々の意識はどこへ向かうのか

……新たな富を生むトレンド

私たちは、二つの世界で暮らしている。そう実感することが次第に多くなってきた。

一つは、オートメーション、アルゴリズム、人工知能によって支配される世界。

もう一つは、人間どうしの触れ合い、感情的な結びつき、特別に設計された自分だけの体験を追求する世界だ。

馴染みの自動車整備士、税理士、宅配業者は、ほどなくコンピューターベースのサービスやロボットに取って代わられるかもしれない。一方で、美容師やマッサージ師、セラピスト、インテリア・デコレーターは（少なくとも、もうしばらくは）存在し続けるだろう。

こうした世界の二極化は美意識に影響を与え、そして美意識もまた進化し続ける。今後も、文化や人口構造が変化するにつれ、私たちが美しいと感じるものや喜ばしいと思うもの、あるいはつまらないと思うもの、不快だと拒絶するものも同様に変わっていく。ソーシャルメディアの躍進を見ればわかるように、人間はこれからも、人と人との関係（relationship）、体験（experience）、思い出（memory）に重きを置くだろう（私はこの三つをまとめて**REM**と呼んでいる）。

誰かと親密につきあいたい、本物の絆が欲しい、個人的に深い関係を築きたいという願いは、一部のソーシャルメディアを拒絶するという結果を生み[1]、ミレニアル世代を中心にニューヨーク、ロサンゼルスのような大都市から地方の小都市への移住を促し、新しいコミュニティが生まれるという流れを生んでいる[2]。

「ここ数年で、大都市から人口が流出しています」と言うのは、ニューヨーク大学シャック不動産研究所アーバンラボの前所長で、経済と都市開発が専門のスティーブン・ペディゴだ。「都市部で人々が望んでいることを取り入れるという動きが各地で起こり、より小さい郊外型の地域社会で、それが顕著に表われています[3]」

ビジネスと美意識、その「四つのトレンド」

地方への移住の背景には、おそらく経済的な事情（大都市の生活費が高いこと）と、技術の発達により都心部で働く必要がなくなったこともあるだろうが、移住先の地方都市や小さな町は転入者がもたらす新しいアイデアのおかげで繁栄するだろう。技術云々《うんぬん》ではなく、美意識こそがこうした創造的な共同体の成長を支え続けることだろう。これが意味するところは、都心部に住んでいる人に限らず、どこに住んでいようとも人々は高いレベルの美意識が感じられる商品やサービスを求め、必要としているということだ。

もし、そうした商品やサービスが手に入らないのであれば、人々は自らの手で生み出そうとするだろう。強力で明確な美意識を持った起業家が会社を興すはずだ。既存の企業であっても、社員が美意識や才能を存分に伸ばせるように支援することで、人々が今後さらに強く求め、必要とするホリスティック（全人的）で人間味あふれる体験を生み出していけるだろう。

その他の社会的、文化的な変化も、こうした趨勢《すうせい》を後押しするだろうし、次の十五年、二十年のビジネスと美意識がどこに向かっていくのかに影響を与えるだろう。そこで本章では、**ビジネスにおける美意識を再定義することになるであろう四つの傾向**について書いていきたい。ご存じのとおり、これら四つの傾向は、互いに密接に連関し合っている。

1「環境問題」

今日の消費者は、環境の悪化に危機感を抱いている。自然環境を守るという、人としての責務と責任を果たすためにできることの一つが、購入する製品すべてに注意を向けること。つまり、消費者としての力を利用して状況を変え、よりよい社会をつくる（もしくは、少なくとも有害性の低い環境にする）ことだ。

企業の社会的責任（ＣＳＲ）についてアメリカのＰＲ会社、コーン・コミュニケーションズ社とポーターノベリ社が実施したある研究から、消費者は製品がどのようにして製造されているかに大きな関心を持っていることが明らかになった[4]。

研究から得られたいくつかの重要なことは、以下のとおりだ。

❍回答者の八七パーセントが、社会的な課題や環境問題に取り組む企業には、取り組まない企業よりも肯定的なイメージを持つと答えた。
❍回答者の八八パーセントが、環境問題に取り組む企業を、取り組まない企業よりも、強く支持すると答えた。
❍回答者の八七パーセントが、選択肢がある場合、環境に優しい製品を購入すると答えた。
❍回答者の九二パーセントが、環境問題に取り組む企業に信頼を寄せる傾向にある。

調査対象の中で、ミレニアル世代は口コミやソーシャルメディアを利用し、環境保護に取り組んでいる企業や社会的責任を果たしていると思える企業の情報を共有する傾向が最も強く、環境問題に無関心な企業には手厳しかった。

今後、ミレニアル世代が主な購買層になっていくと、企業は環境保護への貢献を約束し、推進し、実現する覚悟が必要となる。そして、ミレニアル世代が不信感を抱かないように、真摯な姿勢で取り組まなければならない。

こうした取り組みにおいても美意識が重要な役割を果たす。ブランドの美意識に基づいた説得力のあるストーリーによって、製造工程における環境対策と対策への取り組みを明確に伝えるのだ。

例えば、革新的なリサイクル容器や再利用可能なパッケージングを使うことも環境対策に取り組んでいることを示す一つの方法だ。二〇一八年四月、世界最大の食品飲料会社であるネスレは、二〇二五年までにすべてのパッケージを再生可能か再利用可能なものにすると発表した。(5)アムコー、エコベール、エビアン、ロレアル、マース、マークス&スペンサー、ペプシコ、コカ・コーラ カンパニー、ユニリーバ、ウォルマート、ヴェルナー&メルツも同様の発表をした。(6)乳製品メーカーのオーガニックバレーは、パッケージをすでに再生可能(あるいは再利用可能)なものに変更した。(7)アウトドア・ブランドのパタゴニアは「アクティビスト企業」を自称し、環境保全に献身するグリーンビジネスを実践すると表明している。(8)家庭用品ブランドのセブンスジェネレーションも同様に、環境に対する責任と社会的責任を果たすために尽力していると伝えている。(9)

◇「自然」を想起させる商品、職人技への関心

今後は、製品に鮮明ではっきりした色を使うことへの興味・関心が更新され、自然を想起させたり自然を反映したりするような視覚的要素を用いる傾向が強くなるだろう。例えば、自然な質感や素材が選ばれたり(衣類製造ではポリエステルなどの合成繊維の使用を控えるなど)、店舗で購入するハンドメイド品に、認証ラベルや表示を付することが求められたりするかもしれない。

また、完璧ではないもの、不完全なもの(日本の「わび・さび」の美学のような)への関心や人気が高まるかもしれない。大手の小売業者はすでに、職人技を駆使したアイテムを「限定生産」して特定の地域で販売するという試みに着手している。

インテリアショップ、ウィリアムズ・ソノマの子会社であるウエスト・エルムは、約五百人の職人[10]の工芸品を一堂に集めて販売することで、大きな収益を得た[11]。ジョージア州トリオンの陶芸家、カレン・グエスレインは、ホールフーズやアンソロポロジーといった大手小売業者のために皿やボウルやプレートを製作した[12]。

eマーケットプレイスのエッツィーは、二〇一六年、百貨店のメイシーズ[13]と提携し、エッツィーで人気の職人の作品を数週間ごとに入れ替えて展示したり、職人との交流イベントを催したりと趣向を凝らしている。職人が品質や信頼性を維持しながら、大手小売業者の求めに応じた数量を生産できるようになれば、今後、大型ストアでも、より多くの手仕事の製品にお目にかかれるようになるだろう。

社会と環境を改革しようという意識の高まりを受けて、企業はサステナビリティ(持続可能性)、そして環境への負荷がより少ない製品を望む消費者の関心に応えるためにハンドメイド品を取り扱うことが求められるだろう。そして、それは、「触れて楽しむ体験」を求める声の高まりにつながっていくだろう。

2「独創性、自分らしさの探究」

コンピューターと「スマート」デバイスの発展と普及――車や家、大部分の労働作業における自動制御システムの普及、データへのアクセス速度とコストパフォーマンスの向上[14]など――

は、過去四十年のトレンドであり、今後も四十年以上、継続していくだろう。ハイテク体験やハイテク製品を受け入れる人もいれば拒否する人もいて、「デジタル・ディバイド」(情報格差。情報通信技術を利用できる人と、できない人との間に生まれる格差)は、いっそう広がっていく。

私たちは「所有するか、しないか」ではなく、「欲しいか、欲しくないか」の時代を迎えている。人の手を介することなく機械・機器があらゆる動作・制御を行なうオートメーション化により、農場[15]、ファストフード店[16]、乗り物の運転[17]、事務作業[18]など、この先、あらゆる業界で人の仕事が機械に置き替えられるだろう[19]。一方で、芸術や科学の分野、そしてビジネス戦略などを含め、創造性や独創性、そして人間のぬくもりが求められる産業では新しい仕事が生み出されるだろう[20]。だからこそ、これからの世界で仕事をする上で美意識が重要になるのだ。もし美意識を磨いていなければ、このデジタル世界、ハンドメイド世界を生き抜くことは困難になるだろう。

誤解のないように言っておくが、コンピューターは芸術を生み出すことができるし、今後も生み出していくはずだ。しかし、人間の生み出した芸術作品は、コンピューターのつくり出したそれよりも、はるかに人の心に響くはずだと私は信じている。

多くの人たちが選ぶもの、そしてより高いお金を払ってもよいと思う、人間の精神活動によって生み出された創造性にあふれたものには、「人間の名誉」と類似した何かがあるように思う。看護やスポーツのコーチ業務、カウンセリングやセラピーなどを含め、人と関わらなくてはいけない仕事は、オートメーション化の時代にあっても求められる。こうした業界においても競争はあるのだから、サービスの質を維持し、顧客の数を増やしていくには美意識が求められるのだ。

◇ますます「質感のよいもの」が求められる

オートメーション化とコンピューター学習の進展によって、人々は生活の質を向上させるために、より創造的で自分らしいものを求めるようになる。すると、感覚的な喜びを与えてくれる手触りがよいもの、パソコンやスマホ、タブレットなどのスクリーンばかりいじっている退屈さを忘れさせてくれ、触れているだけで安心させてくれるアイテムを求めるようになるだろう。

音響については、よりリッチでいきいきとした音楽が望まれるようになり、テクノロジー企業は真に迫った聴覚体験を生み出す努力が必要になるだろう。また、ライブや音楽イベントの人気が高まる傾向も見られる。[21] 香り、味、手触りを楽しめるデジタル製品や、五感に訴える体験を提供する非デジタル製品が高く評価されるようにもなる。ファッションや衣類については、「質感を楽しめる素材」が要となるだろう。ざっくりと編まれた厚手のニットとか、とても滑らかな、あるいはでこぼこした素材、雑多な組み合わせの布地（例えば、革とダウン入りのキルティングと刺繍《ししゅう》を組み合わせたもの）などだ。

食においては、今まで考えつかなかった意外な食材（例えば、スパイスあるいは薬味が利いたアイスクリーム、濃厚な甘味や辛味、酸っぱいフレーバーなど）が用いられ、料理のイノベーションが進む一方で、人を癒し、ノスタルジックな感情をもたらす「コンフォート・フード」に再び人気が集まることが予想される。宇宙食のような完全食を選ぶ人たちもいるだろうが、多くの人は、仲間とともに楽しむ、刺激的で目新しい食事を求めるだろう。

テクノロジーは進化を続け、ハイテクなフィットネス・ウエアや衣服を生み、それらの衣服は歩数からボディマス指数（ＢＭＩ）、摂取カロリーや消費カロリー、血圧に至るまで、私たちのフィットネスを記録し管理するようになるだろう。テクノロジーは飲食にも影響し、私たちの健康状態や気分を向上させる高機能食品をつくり出すだろう。

ニューヨーク州ハドソンバレーに拠点を置くリセスは、こうした動きの先陣を切っている。缶入りのスパークリング・ウォーターであるリセスは、ヘンプという大麻の一種から抽出される精神活性作用のない成分を含んだドリンクで、痛みを和らげ、不安を軽減し、抗炎症作用があるとされる。つまり、飲むと、ハイにならずに「リラックス」できるのだ。このドリンクには、ストレスを軽減し、記憶を改善し、集中力や免疫を高めるとされる成分、アダプトゲンが含まれている。[22]

健康維持のためのフィットネスでは、（見た目をよくしたり身体機能を向上させるためのワークアウトではなくて）整体（ボディワーク）に注目が集まるだろう。例えば、マッサージ、動きを激しくした新しいタイプのヨガなどだ。デスメタル・ヨガが、その好例だ。このヨガのクラスでは、パンチ、キック、エアギター、ヘッドバンギング（首を激しく振ること）などの動きを取り入れ、大量の汗をかける。[23]

フィットネスセンターは小規模化し、得意客だけを集めたトレーニングや、カスタマイズしたトレーニングや、ニッチ向けのトレーニングが増えるだろう。年配者向けとか若年層向け、トランスジェンダーや特定の宗教グループなどに対象を絞った小さなフィットネスセンターが出現する可能性がある。[24]

フィットネス分野に限らず、多くの企業にとっても、小規模なコミュニティに焦点を合わせ、そのニーズに目を向けることが、競合と張り合っていく戦術の一つとなる。様々な年齢層や要望に応えるニッチ市場が一般的になっていけば、企業は美意識に基づいた品揃えを提供することで、差別化を図ることができる。

没個性化が進む社会への反動として、消費者は自分の個性や真価が認められることを熱望し、それが次の変化につながっていく。

3 「トライバリズム」

ここで私が使う「分離（secession）」という言葉は、国がさらに小規模な国々に分裂するという意味ではない。ただし、そうしたことは起こり得る。例えばイギリスがEUを離脱したように、国の分断は生じるだろうと多数の地政学の専門家が予測している。[25]

しかし、私がここで注目するのは、グローバル化に伴う地域の文化や言語、生活スタイルが脅かされることへの反動として、アイデンティティ政治（アイデンティティに基づく集団の利益を代弁したり、社会的承認を求めたりする政治運動）、トライバリズム（部族中心主義、同族意識）、ローカリズム、アクティビズム（社会的・政治的な改革を目指す行動主義）、そして残念ながらテロリズムが根づいたことだ。

自分の信念が正しいと証明するために、人々は自分と同じ感情や価値観や目的意識を持つ人、共通の大義や理想を持つ人を求めて、かつてないほどに、何らかのグループに属することを望んでいる。この種の集団はソーシャルメディアで煽《あお》られ、民主主義と独裁制の双方を徐々に蝕んでいくかもしれない。[26]

こうした集団が増えれば、ハイパーローカリズム（と反グローバリズム）の時代が到来し、マイクロドミナントなブランドが生まれるだろう。マイクロドミナントなブランドとは、民族的な背景ではなく、個人的な価値観やライフスタイルから生じる特定の文化やアイデンティティをターゲットとしたものだ。

今後、少人数のコミュニティ（例えば、性的マイノリティ、特定の宗派、歴史的に社会から軽視されてきたグループなど）に商品を提供するブランドは、顧客ニーズに応じて変更可能な商品や体験を生み出すことによって、小売業のあり方を変えていくだろう。

トライバリズムは、今日、世界で最も勢いがある。共通の特徴・思想を持つ小規模な集団から成るコミュニティがつくられ、ブランドもそうした集団から生まれている。大企業とは、そうした小規模な集団の集合体なのだ。

◇企業はどんな商品を展開していくべきか

消費者の要望は、大きく二つに分かれている。企業はその両方に対応する製品を提供しなければならなくなった。一つは、限定的で小規模なグループのアイデンティティに訴えかける製品。もう一つは、多様な文化に触発されたグローバルでクロスカルチャー的なデザイン性を備えた製品だ。様々な文化を取り入れ、ブレンドすることで、例えば「トライブ・テクノロジー」や「インダストリアル・シック」などの新しいハイブリッドなグループやアイデンティティが生まれるだろう。

人々は、予測不可能な厳しい現実社会に恐怖を感じ、その恐怖を克服するために、同質性の高い仲間グループ、集団を形成する。コクーニング（家庭を大事にして再創造しようとするライフスタイル）は、今後も主流となるだろう。そして、それを支える製品やサービス（心地よい毛布など、安心や信頼感、癒しをもたらしてくれるもの）はこれからも望まれるに違いない。

社会的、経済的、政治的、倫理的な無秩序による不安に満ちた世界の中で、人々は今日をうまく乗り切り、明日を思い描くための能力を広げていくだろう。生きる目的や意味、精神的なつながりへの希求が宣言されるはずだ。

気が合う仲間、とりわけ精神的、感情的に支えとなってくれる人、敵意を持った勢力や迫害

（現実であれ、あるいは想像の中であれ）から守ってくれる人を求める傾向は、美意識のイノベーションのために、新しい分野を開拓していくだろう。

宗教的信仰や精神性を認め、称える商品やサービスの創出によって、これまでになかった新しい市場が生み出されることが予想される。

ファッション・ブランド、**ヴェンザラ**（VENXARA）のスピリチュアル・ウォリアーズ・クチュール[27]がその一例だ。同シリーズには、カトリックの様々な聖人を描いたハンドバッグやトートバッグ、ジュエリーなどがある。

他にも、イスラム教、正統派ユダヤ教などの宗教的信念を持つ女性が、同じ信仰心を持つ女性のためにデザインした衣類などが多く誕生し、これまでになかったタイプの、**慎み深いファッション**が主流になっていく兆しがある。慎み深いスタイルは、信仰心の強い人だけではなく、高い精神性を求める人、心の安らぎや敵意に満ちた現実世界からの保護を求める人からも同様に支持されるだろう。

コミュニティというものは、精神面の成長を大切に考える一方で、成果や意義、前向きな変化をもたらすことも重視する。特に、地球の持続可能性については非常に強い関心を持っている。

何の屈託もなかった子ども時代への郷愁も強くなるはずだ。ベビーブーマーはミレニアル世代やX世代と同様に、幼い頃から親しんだ娯楽や気晴らし、商品などに満足感を覚えるだろう。

パブストやシュリッツ（ビール）、ポラロイド（カメラ）、シュウィン（自転車）、ケッズ（スニーカー）、フレスカ（ソーダ）、シャリマー（香水）、アーサー・トリーチャーのフィッシュ・アンド・チップス（ファストフード）、ハイドロックス（クッキー）、フィオルッチ（ファッション）などのレトロなブランドに需要が生まれるかもしれない。

新規のブランドも、もっとシンプルで穏やかだった時代を想起させる、ノスタルジックな雰囲気や感覚をうまく呼び起こせば、成功できるはずだ。

共通の文化とか価値観に基づいたグループへの「分離」は、美容業界にも影響をもたらす。若さを理想化するのではなく、健康や幸福、そして知性を感じさせるエイジングに注目が集まるようになるだろう。

この動きはすでに、美容品販売とサロンを併設するチェーン、**アルタ**（ULTA）の最近の広告にも見られる。二〇一六年、さらに二〇一八年、アルタはテレビ広告でも紙媒体の広告でも、漫画のようなクオリティを持ち、人形のようにも見える、パーフェクトな女性たちが登場していた。多様な民族性が表現されていたが、その女性たちはほとんど同じに見えた。

今日、アルタのブランディングとマーケティングでは、あらゆる体型、サイズの人たちの美を賛美しているが、こうしたメッセージによってアルタは多様な市場で成功を収めている。アルタは、高級な商品と普及品を並べて販売する、数少ない小売業者の一つでもある。[28] 若さではなく〝喜び〟を売ることで、アルタの株価は二〇〇九年から二〇一六年の間で三〇〇〇パーセントを超えて上昇し、株価指数のS&P五〇〇の上昇率をはるかに上回った（同期間のS&P五〇〇は、たった二五〇パーセントだった）[29]。

今後、美容分野はますます多様化し、人それぞれの多様な美を受け入れ、それぞれが抱くニーズや悩みに応える製品を生むだろう。

4 「曖昧な境界線」

先述したとおり、今後はイデオロギー、関心、信念を一《いっ》にする人たちでグループを形成し、多くの場合、それらグループやそのメンバーは、自分たちは従来の標準という枠からはみ出していると感じるだろう。

この傾向はすでに見られ、男性と女性、異性愛者と同性愛者、黒人と白人、若者と高齢者などの間の境界線は、以前よりも曖昧になった[30]。結果として、かつては性別や年齢で分けられていたブランドやカテゴリーも、ユニセックスになったり、ユニセックスのアイテムや様々な年齢に対応する製品やサービスを提供したりするだろう。

子ども服ブランドの**プライマリー**[31]は、〇歳から十二歳までのあらゆる子どもたちを想定して、明るい原色のTシャツ、レギンス、ズボン、スカート、ドレスなど、性別不問のベーシックアイテムを取り揃えている。これまで男の子らしいアイテムとされてきたズボンやTシャツも、女の子っぽいアイテムとされてきたドレス、スカートも中性的で、すべての子どもたちに受け入れられるようにデザインされている。

ニューヨーク市のソーホー地区にある**ヒュルイド・プロジェクト**は、おそらく世界で初めての本格的なジェンダーフリーの服を扱うショップだ。三〇〇〇平方フィート（約九一四平方メートル）の店舗はまぶしいほど白く、窓が大きくて天井が高い。コンテンツ・ディレクターのジリアン・ブルックスいわく、その空間は販売スペース兼「体験のプラットフォーム」である。[32]

ヒュルイド・プロジェクトのターゲットは、ステレオタイプなジェンダーの定義に従わない人やセクシャリティ・フルイド（性別を一つに定めない人）の人たちだ。カスタマイズしたジェンダーフリーのマネキンを使用し、リーバイスやソウルランドといったブランドのユニセックスアイテムや、ジプシー・スポーツ、スキングラフトなどの先端的なブランド製品を大胆にディスプレイする。

ヒュルイド・プロジェクトは、「Stronger together（一緒にもっと強く）」「One world（ワン・ワールド）」などのスローガンをプリントしたTシャツやパーカーなどの自社製品も揃えている。[33]手頃な価格帯の製品を提供することが同ショップの使命であるため、平均的な価格は三百ドル以下に抑えられている。

ノー・セッソ（イタリア語で「ジェンダーレス」という意）もまた、明るい色の組み合わせ、結び目やステッチ、刺繍、不規則な編み方、高品質の布地などを駆使して、ジェンダーレスの服において新しい、独特の世界観を展開しているブランドだ。同ブランドの服は、まるでコンバーチブルの車やトランスフォーマーのように、様々な体形の人に（男性・女性、低身長・高身長、大きい・小さい）に適合する。[34]というのも、顧客は服をいろいろな方法でカスタマイズし、自分の体型やアイデンティティに合わせることができるからだ。

アンダーウェアブランドの**トムボーイX**は、セクシーさを追求するヴィクトリアズ・シークレットとは対極的な存在だ。「すべての人を対象」にした製品と謳われているが、同ブランドはレズビアンによって設立され、多くのレズビアンに支持されている。[35]

多様なセクシュアリティや個性に応える新しいブランドは今後も多数、発表されるだろうが、既存のブランドも同様の商品を市場に投入してくるだろう。

同時に、ステレオタイプの男性らしさ・女性らしさのイメージを誇張して皮肉った製品やサービスも登場するだろう。巨大なパフスリーブとか、フリルやくるみボタンといったハイパーフェミニンなディテールを施されたシャツやブラウスにお目にかかることになるかもしれない。

人との間に確固としたつながりを築くには、複雑な取り組みを要するし、そこで築かれた関係は将来にわたり影響を及ぼすだろう。もし、うまく関係を築けたなら、人々により豊かな体験をもたらすことができる。しかし、人々があるアイデアを自ら進んで試してみたいと思うかどうかは、クリエイターの双肩にかかっている。現代の消費者は、単に物を買いあさり、ため込むことには関心がなく、深みのあるもの、本物だと思えるもの、意味のあるものを探し求めている。

だからこそ、ブランドが長く存続していくためには、その製品やサービスに触れた人に力を与え、彼らとつながりが生まれるような、営利目的をはるかに超越した目的や狙い、意義を提供しなくてはならない。結局、それこそが本当に、そして永遠に、顧客の意欲をかき立て、製品やサービスを買わずにはいられなくし、喜ばせるものなのだ。どんな時も、顧客を単なる「消費者」と見るのではなく「人間性を備えた一人の人間」として関心を持ち、尊重する機会としてほしい。

終わりに――人が永遠に、心の底から求めるものとは

美意識とは、心の奥深くから生まれるものだと私は考えている。

私は、世界のラグジュアリー業界を牽引するLVMHの北アメリカ部門のチェアマン（社長）という、多くの人が「世界で最高の仕事」と表現する任務に就いていた。

ニューヨークやパリといった世界の主要都市だけではなく、アイスランドのレイキャビクのような地で開催されるファッションショーにも出席した。イブニングドレス着用のガラパーティに招待されることも多く、レッドカーペットが敷かれるようなイベントに一晩に二つ参加したこともある。

しかし実際のところ、私の仕事の大部分は続けざまのミーティングや単調な電話での打ち合わせで、エンドレスに続く予算編成や計画策定の会議の後に、計画取り消しや計画立て直しの会議が続くことも少なくなかった。スタッフを採用することもあれば、解雇しなければならないこともあった。そして、ブランドごと、マーケットごと、店舗ごとに、山ほどの分析をこなした。

二〇一五年も終わる頃、私は家族とともにウィーンへ旅した。カイザー通り四十四番地の、かつて曾祖父の衣料品店があった場所を訪れたかったのだ。今はなきその店、ゴルトシュタイ

ン洋品店のあった場所に佇み、一人静かに考えた。曾祖父のイスラエル・ゴルトシュタインが生きていたなら、きっと私の成功を誇りに思ってくれただろうと。曾祖父の時代には、どんなビジネスや職業でも女性が人の上に立つことはなかった。ましてユダヤ人女性が頂点に立つなど、想像もできなかったはずだ。

とはいえ、曾祖父は私の職業分野がファッションであること、そして現代のファッションが彼が愛したファッションから遠く離れてしまったことに失望しただろう。

私の祖父母は四人とも、ホロコーストをなんとか生き延びた。父方の祖父母は一九三九年にウィーンからニューヨークへと逃れた。同じ頃、母方の祖父母はフランクフルトからバルセロナを経てケープタウンに移住したが、激しい内戦が続くスペインを抜けるルートはいばらの道だった。父方でも母方でも、暗く辛い時代に家族を支えたのは女性、つまり祖母だ。どちらの祖母も小さなアパレル会社を立ち上げ、ファッションと美意識の力で困難を乗り越えた。

現状を批判的な視点から見ると、ファッション業界はすでに存在意義を失ったと私は思っている。二十五年前に私が業界に入った頃、人々は買い物が、特に衣料品を買うのが大好きだった。当時、ショッピングはエンターテインメントのような体験であった。今では、欲しいものは何でもあっという間にオンラインで購入できるし、物を持つことよりも体験することに価値があるという流れも手伝って、よほどの理由がない限りハンドバッグを買うためにわざわざ店舗を訪れることはなくなった。

ショッピングはもはや、人々のニーズに合っていないし、想像力をかき立てもしない。同じことは、ほとんどの企業や業界にも言える。ビジネスに携わる者として、私たちは幅広い商品を大量に販売して収益を上げることにばかり力を注いだせいで、消費者は、どんどん欲しいものがなくなり、私たちがつくる製品は存在価値を失ってしまった。

企業が生き残るためには、自分たちがしていることに再び人間味を持たせ、さらには自分たちがしていることの意義や目的を理解する必要がある。本書を通して、私があなたに一番伝えたいのは、次のことだ。そして、多くの気づきを得ていただければ、とても嬉しい。

◇美意識は大切である。そして現在、美意識はこれまで以上に必要とされている。
◇美意識に根ざして企業を構築し、成功に導くのは、審美眼に富む人たちである。
◇人は、自分が思う以上に、美意識を備えている。しかし、筋力と同じように、鍛えなくてはならない。
◇美意識をうまく活用できれば、ビジネスを進化させ、さらにはビジネスを改革することもできる。

私の願いは、美意識の価値が正しく評価されること、そして読者が美意識を磨くことで、いつでも「感覚的な喜び」を得ようと努力をしてもらうことだ。ビジネスの未来は、そこにかかっているのだから。

謝辞

わが家の女性たちは、代々、力に満ちあふれている。獰猛《どうもう》さも優雅さも備える雌ライオンなのだ。

祖母は二人とも自ら会社を立ち上げ、経営にあたった。彼女たちはそれぞれに洗練された審美眼を持っており、ビジネスが成功したのもそのおかげだ。

父方の祖母のヘディおばあちゃんは、高級子ども服を取り扱っていた。一九四〇年代にニューヨーク市ロングアイランドにあった自宅のキッチンのテーブルで売ったのが最初だったが、やがてアメリカ中のブティックに販売するまでになった。

同じ頃、南アフリカに住んでいた母方の祖母、オミはセンスと才能を生かし、パリのオートクチュールに着想を得て、上流階級の人たちに向けてイブニングガウンをデザイン・製作して販売していた。二人の祖母から受け継いだものが私の美意識の原点であり、おかげで私はこうしてビジネスの世界で活躍することができた。

ヘディおばあちゃんから学んだのは審美眼、優雅さ、そしてディテールに注目することだ。暮らしぶりは質素だったが、最も美しく縫製された肌着しか身につけないというこだわりを持っていた。オミから受けた影響は、職人によって丹念につくられたものや創造性に富んだものの、そしてストーリー・テリング（伝えたい内容を印象的なエピソードなどの〝物語〟を使って伝える方法）に強く惹かれるようになったことだ。オミは糸を服に変え、シンプルなドレスに個性を吹き込む術を熟知していた。

二人の祖母が私に、そして本書の構想にもたらした影響を振り返ってみて、気づいたことがある。祖母たちは、現代を生きる私たちが理解し、学ばなければならないことを、当時すでに直感的に知っていたのだ。

祖母たちの会社が長続きしたのは、忍耐強く懸命に働いたからだろうが、その事業が栄えたのは二人の美意識のおかげだ。祖母たちの美意識、つまり「第二のＡＩ」は家族に受け継がれ、私の中に、わが母バーバラ・ギャリス、姉のレスリー・ギャリス、娘のアリアナ・ブラウンの中に存在している。そして、その一人ひとりが個性と独自のスタイルを確立している。

私は多くの、勇ましくて創造的で、独自のスタイルを持つ女友達（仲間の雌ライオンとも言える）に恵まれている。ごく一部ながら名前を挙げると、マディ・ビョルグヴィンソン、クリスティーナ・カルリーノ、アン・デブルー、エッダ・グドムンズドッティル、グラ・ヨンスドッティル、ダナ・キャラン、ヴァネッサ・ケイ、マリア・マトヴェーエワ、ジェニファー・マックレア、ブレア・ミラー、リー・プリンス、ロビン・プリングル、ローレン・レミントン・プラット、ケイ・アンガー、オルガ・ヴィディシェヴァ――みな、人の心を動かす力のある女性たちで、私も大きな影響を受けた。

同じように、私の人生には美意識の高い男性も多く関わっている。ロッサノ・フェレッティ、スコット・グッドソン、デイヴィッド・キダー、エリック・モトリー、ティム・ヌーナン、アーマン・オルテガ、シアン・ピエール・レジス。みな私の真の友人で、気品ある男性だ。私の息子のジュリアン・ブラウンにとっては卓越した模範である。

こうした人たちはみな、私が執筆活動を始める前から、私のことをよく知っていた。彼らの存在がなかったら、私は執筆する勇気や本のアイデアを得ることができなかっただろう。

そして他にも、本書を執筆する過程で出会い、友人となった人たちがいる。多くの人がよい作品をつくりあげるために、力を貸してくれた。まずは、エージェントのゲイル・ロス。初めの頃、私が持っていたのは漠然とした発想や講義のカリキュラム、職務経歴書くらいだったが、それでもゲイルは私の背中を押してくれた。

ゲイルは、並外れた才能の持ち主ですばらしい作家であるカレン・ケリーに私を紹介してくれた。ばらばらでまとまりのない私の発想をすべて理解し、美しい散文につくりあげてくれたのは、彼女である。私にとってカレンは執筆活動を始めた当初から思索《しさく》のパートナーであり、クリエイティブ・コラボレーター、リサーチャーであり、事実関係に間違いがないか確認してくれる人だ。

また、ゲイルは、優秀で名声のあるホリス・ハイムバウチにも私を紹介してくれた。ホリスは、ハーパー・ビジネスのトップであり、ハーパーコリンズの編集者として私を担当してくれることになった。頭脳明晰《めいせき》で、特にストーリー・テリングに造詣が深く、言葉にじっと耳を傾ける。流行を嗅ぎ分ける能力がある上、目標に向かって突き進む、すばらしい女性だ。

ハーパーコリンズのホリスのチームは、世界的に名の通ったやり手だ。マーケティング、および宣伝の才能にあふれる三人組、ブライアン・ペラン、ペニー・マクラス、レイチェル・エリンスキ。さらにプロダクション・エディターのニッキ・バルダウフ、プロダクション・スーパーバイザーのジョセリン・ラーニック、ブックデザイナーのウィリアム・ルオト。それから、シュリーブ・ウィリアムズの広報担当者ニコル・デューイにも感謝している。

最後に、私が自分の美意識を磨いていく上でお手本とした、そして今でも私のスタイル・アイコンである大勢の女性に特別な感謝を捧げたい。ココ・シャネル、ゼルダ・フィッツジェラルド、ドロシー・パーカー、イングリッド・バーグマン、カトリーヌ・ドヌーヴ、ダイアナ・ヴリーランド、グロリア・スタイネム、ハル・ベリー、ケイト・ブランシェット、デナーリス・ターガリエン、ソランジュ・ピアジェ・ノウルズ。彼女たち一人ひとりが私のインスピレーション・ボード上で重要な位置を占めている。

高貴な雄ライオンと雌ライオンたちへ。本書の至るところで、私はあなたたちの声に耳を傾けている。

本書の脚注は、三笠書房ホームページ内で
閲覧・ダウンロードしていただけます。
https://www.mikasashobo.co.jp

ハーバードの
美意識《びいしき》を磨《みが》く授業《じゅぎょう》

著　者――ポーリーン・ブラウン
監訳者――山口　周（やまぐち・しゅう）
発行者――押鐘太陽
発行所――株式会社三笠書房
〒102-0072 東京都千代田区飯田橋3-3-1
電話：(03)5226-5734（営業部）
　　：(03)5226-5731（編集部）
https://www.mikasashobo.co.jp
印　刷――誠宏印刷
製　本――若林製本工場

編集責任者　長澤義文
ISBN978-4-8379-5810-9 C0030